U0452327

贫民窟的喜剧之王

〔南非〕特雷弗·诺亚 著
尹楠 译

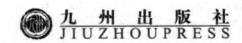

九州出版社
JIUZHOUPRESS

图书在版编目（CIP）数据

贫民窟的喜剧之王 /(南非) 特雷弗·诺亚著；尹楠译. -- 北京：九州出版社，2023.3
 ISBN 978-7-5225-1297-6

Ⅰ.①贫… Ⅱ.①特…②尹… Ⅲ.①特雷弗·诺亚—自传 Ⅳ.①K834.785.78

中国版本图书馆CIP数据核字(2022)第198590号

It's Trevor Noah: Born a Crime (Adapted for Young Readers)
Text copyright © 2019 by Trevor Noah
All rights reserved.

著作权合同登记号：01-2022-6957

贫民窟的喜剧之王

作　　者	[南非]特雷弗·诺亚 著　尹 楠 译
责任编辑	王文湛
出版发行	九州出版社
地　　址	北京市西城区阜外大街甲35号(100037)
发行电话	（010）68992190/3/5/6
网　　址	www.jiuzhoupress.com
印　　刷	天津雅图印刷有限公司
开　　本	787毫米×1092毫米　32开
印　　张	10
字　　数	167千字
版　　次	2023年3月第1版
印　　次	2023年3月第1次印刷
书　　号	ISBN 978-7-5225-1297-6
定　　价	48.00元

★ 版权所有　侵权必究 ★

献给我的妈妈，我的第一个粉丝，
谢谢你让我成为一个男子汉。

目 录

第一部分

1　跑　/ 4
2　天生有罪　/ 21
3　特雷弗，祈祷吧　/ 35
4　变色龙　/ 53
5　第二个女儿　/ 65
6　漏洞　/ 83
7　芙菲　/ 104
8　罗伯特　/ 112

第二部分

9　桑葚树　/ 126
10　一个年轻人漫长、尴尬、偶尔悲剧、时常蒙羞的情感教育，第一部分：情人节　/ 137

11　局外人　/ 145

12　色盲　/ 153

13　一个年轻人漫长、尴尬、偶尔悲剧、时常蒙羞的情感教育，第二部分：舞会　/ 165

第三部分

14　跳起来，希特勒！　/ 188

15　芝士男孩　/ 209

16　这个世界并不爱你　/ 235

17　我妈妈的人生　/ 252

种族隔离历史　/ 299

致谢　/ 311

出版后记　/ 313

第一部分

* * *

南非政府的种族隔离制度堪称天才发明。它要做的就是将人们隔离,分成不同群体,让他们彼此仇恨。这样它就可以控制他们。

在种族隔离时期,南非黑人的人数几乎是白人的五倍,但黑人又分成不同的族,各自说着不同的语言,包括祖鲁语、科萨语、茨瓦纳语、索托语、文达语、恩德贝勒语、聪加语和佩迪语等。早在种族隔离政策出现以前,这些部落之间就曾爆发冲突和战争。后来,白人统治者就利用这种仇恨来分裂和征服南非。所有非白种人被系统地划分成不同的族群和亚族群,然后白人统治者赋予这些族群不同程度的权利和特权,使其争斗不断。

祖鲁和科萨这两大南非主要族群之间的分裂可能最为严重。祖鲁人是公认的战士。他们十分骄傲,不惧怕任何战斗。当殖民军队入侵时,祖鲁人直接拿着长矛和盾牌对抗持枪的敌人。成千上万的祖鲁人惨遭屠杀,但他们从没有停止战斗。科萨人则足智多谋。我妈妈就是科萨人。因反种族隔离被囚禁27年,最终成为南非第一位黑人总统的纳尔逊·曼德拉也是科萨人。科萨人也与白人展开了长期斗争,但在经历了与装备精良的敌人之间的徒劳抗争后,许多科萨人首领采取了更为灵活的斗争策略。"无论我们喜欢与否,这些白人都不会离开这里,"他们说,"不如让我们看看,他们手里的工具哪些可以为我们所用。与其抵制英语,不如学习英语。这样我们就能明白白人在说些什么,迫使其与我们谈判。"

祖鲁人与白人搏斗。科萨人与白人博弈。很长一段时间里,双方的策略都不是特别成功,而且都将并非源于彼此问题归咎于对方。双方都品尝着失败的苦果。几十年来,双方共同的敌人牢牢掌控着这种情绪。后来,种族隔离制度被废除,曼德拉获得自由,南非黑人则陷入了内战。

* * *

1 跑

妈妈把我从一辆正在行驶的汽车里扔出去的时候,我9岁。

这件事发生在一个周日。我之所以记得那天是周日,是因为我们当时正行驶在从教堂回家的路上,我童年的每个周日都要去教堂。我们从来没有错过教堂活动。我的妈妈一直笃信宗教。她是非常虔诚的基督教徒。与世界上其他原住民一样,南非黑人从殖民者那里继承了宗教信仰。我说的"继承"是指强加于我们。

童年时,我每周至少有4个晚上要参加教会活动。周二晚上是祈祷会。周三晚上是《圣经》学习。周四晚上是青年教会活动。周五和周六休息。周日则要去教堂。确切地说是去三座教堂。我们之所以要去三座教堂,是因为妈妈说每座教堂赐予她不同的东西。第一座教堂给予她对上帝的喜悦的赞美。第二座教堂会对经文进行深入解析,她十分喜欢这一点。第三座教堂则让她感受到激情和净化,那里能让人真正感受到圣灵附体。而在我们奔波于这三座教堂的时候,我意外发现,每座教堂都有其独特的种族构成:洋溢着喜悦之情的教堂是多种族混合教堂,擅长解析的教堂是白人教堂,而激情澎湃的教堂则是黑人教堂。

混合教堂名为雷玛圣经教堂。这座教堂是规模宏大的超现代郊区大教堂中的一员。牧师雷·麦考利曾是健美运动员,时常笑容满面,拥有啦啦队员般的性格。雷牧师曾参加1974年的环球先生健美大赛。他获得了第三名。那一年奥林匹亚先生健美大赛的冠军是阿诺德·施瓦辛格。每周,雷都会站在台上,竭尽全力让耶稣看起来很酷。教堂里有舞台风格的座席和摇滚乐队,会演奏最新的基督教当代流行乐。所有人都随之歌唱,你不知道歌词也没关系,因为它们都在超大屏幕电视机上为你准备着。这基本上就是基督教卡拉OK。我在混合教堂总是兴高采烈。

白人教堂是桑顿的罗斯班克联盟教堂,那一片就是约翰内斯堡典型的白人富人区。我爱白人教堂,因为我不用参加主日祷告。我的妈妈会参加,而我会去青少年参加的主日学校。在主日学校,我们会读很酷的故事。诺亚方舟和大洪水的故事当然是我的挚爱,我的名字跟它有密切关系嘛。但我也喜欢摩西分开红海、大卫斩杀歌利亚巨人和耶稣在圣殿驱逐货币兑换商的故事。

我在成长过程中几乎没有怎么接触过流行文化。我的妈妈不想我的精神被性和暴力污染。我唯一真正知道的音乐来自教堂:赞美耶稣的令人振奋的高亢之歌。我对电影的了解也一样。《圣经》就是我的动作电影。参孙就是我的超级英雄。一个人用驴的下颚骨打死了一千个人?真是太带劲了。最后读到保罗给以弗所人写信的那部分时,就少了一些情节性。《旧约》和福音书呢?这部分无论哪一页、哪一章、哪一节的内容,我都能张口就来。每周在白人教堂还有《圣经》游戏和知识竞赛,我总能轻松战胜所有人。

然后就是黑人教堂。黑人教堂总有一些黑人教堂礼拜仪式在进行,而我们都会去参加。在只有黑人聚居的镇上,这种教堂一般是指"帐篷复兴式"户外教堂。我们通常会去外婆的教堂,那是一座传统卫理公会教堂,五百名身穿蓝白相间衬衫的非洲老奶奶,紧握《圣经》,耐心地经受非洲烈日的炙烤。黑人教堂很简陋。没有空调。大屏幕播放歌词。礼拜仪式似乎永远不会结束,每次至少要进行三四个小时,这让我很困惑,因为白人教堂的礼拜仪式好像只有一小时，整个过程似乎就是大家进场、退场，以及牧师感谢大家的到来。可是在黑人教堂，一坐下就好像要坐一辈子，其间我一直百思不得其解，为什么时间过得这么慢。我最后得出结论，黑人需要更多时间跟耶稣待在一起，因为我们遭受了更多苦难。

黑人教堂有一个可取之处。如果我能坚持到第三或第四小时，就能看到牧师驱魔。被恶魔附身的人会像疯子一样在过道里跑来跑去，操着一口方言惊声尖叫。而教堂的引座员会像夜店保安那样对付他们，压制住他们。牧师则会抓住他们的头，用力地前后摇晃，同时嘴里大叫着："我奉耶稣之名，驱赶恶灵！"有些牧师更为粗暴，但他们都有一个共同点，那就是直到恶魔消失，教友瘫软无力地倒在台上后，才会停手。接受驱魔的人必须倒地不起。因为如果他不倒地，就意味恶魔很强大，牧师需要向他发起更猛烈的攻势。你也许是美国职业橄榄球大联盟的中后卫，那也没关系，这里的牧师会把你放倒。上帝啊，这可太有趣了。

基督教卡拉OK、激烈的动作故事和暴力信仰治疗师——天哪，我爱教堂。我不喜欢的是去教堂的那段长长的路程。那可真是一段艰难的长途跋涉。我们住在伊甸公园附近，那是约翰内斯堡郊外的一个小社区。我们要花一小时才能到白人教堂，再花45分钟才能到混合教堂，接着再开45分钟的车才能到位于索韦托的黑人教堂。如果这还不够糟糕的话，还有更糟的，某些周日，我们还会开车回到白人教堂参加特别的晚间祷告活动。等到我们终于在夜里回到家的时候，我会一头栽倒在床上。

这个特别的周日，也就是我从一辆行驶的车里被扔下来的那个周日，一开始跟其他周日一样。妈妈叫醒我，给我准备好早餐喝的粥。我去洗澡，她给9个月大的弟弟安德鲁穿衣服。然后我们出门来到车道上，可是当我们都系好安全带准备出发的时候，车却发动不起来。妈妈的这辆亮橙色大众甲壳虫又旧又破，她没花几个钱就把它买了回来，而它总是坏。所以直到今天我还讨厌二手车。我每次都买有保修服务的新车。虽然我爱教堂，但乘坐公共交通工具意味着要走两倍的路程，以及承担两倍的痛苦。大众汽车拒绝启动的时候，我一直在祈祷：请说我们就待在家吧，请说我们就待在家吧。然后我瞥见妈妈脸上坚定的表情，她的下巴绷得紧紧的，我就知道，这将是漫长的一天。

"快点，"她说道，"我们去搭小巴。"

我妈妈有多虔诚，就有多固执。一旦她拿定主意，就没法改变了。

"是魔鬼,"她这样解释汽车无法发动的原因,"魔鬼不想让我们去教堂。所以我们必须搭小巴去。"

每当我想反驳一下妈妈这种基于信仰的固执己见时,都会尽量以非常尊敬的口吻提出相反的意见。

"也许,"我说道,"上帝知道今天我们不应该去教堂,所以才让车发动不起来,这样我们一家人就可以待在家里,休息一天,因为今天连上帝也休息。"

"啊,你那是魔鬼的话,特雷弗。"

"不,因为耶稣掌控着一切,如果耶稣掌控着一切,我们向他祈祷,他就会让车发动,但他没有,所以——"

"不,特雷弗!有时候耶稣会设置障碍,看看你是否能克服。就好像给你出点难题。这可能就是个测试。"

"啊!是的,妈妈。可这次测试可能是想看看我们是否愿意接受已经发生的事情,并因此待在家里,赞颂耶稣的智慧。"

"不。魔鬼的话。"

"可是,妈妈!"

"特雷弗! Sun'qhela!"

"Sun'qhela"有很多含义。它可以表示"别唱反调""别小看我"以及"试试看"。它既是一种命令,也是一种威胁,两者兼而有之。科萨族家长经常对孩子说这个词。一听到它，我就知道这意味着对话结束了，而如果我再多说一个字，就会被揍一顿。

那时，我就读于一所名为玛丽韦尔学院的私立天主教学校。我年年都是玛丽韦尔运动会的冠军，而我妈妈则年年都拿回属于妈妈的奖杯。为什么？因为她总是追着要揍我，而我总是逃跑不让她揍到我。没人能像我和我妈妈跑得那么快。

我们的关系就像猫和老鼠。她纪律严明，我则调皮捣蛋。她让我出去买东西，我一般不会买完就回家，而是会用买牛奶和面包剩下的零钱在超市玩街机。我爱电子游戏。我是玩《街头霸王》的高手。一盘游戏我可以玩很久。投下一枚游戏币，时间就嗖嗖地飞走，最后的结果就是我身后会出现一个拿着皮带的女人。这就是一场赛跑。我会夺门而出，穿过尘土飞扬的伊甸公园附近的街道，翻过围墙，溜进别人家的后院。这种事在我们这片很常见。大家都知道：那个叫特雷弗的孩子会横冲直撞跑过来，而他的妈妈则会在后面紧追不舍。她能踩着高跟鞋全速奔跑，但如果她真的想追上我，就会以奇异的姿势扭动脚踝踢飞高跟鞋，而这一过程中她甚至不会踏空任何一步。每到这种时候，我就明白，好吧，她进入加速模式了。

我还小的时候，她总是能抓住我，可是随着我年龄渐长，跑得也更快了，她的速度再也跟不上时，她就开始动用智慧。如果我准备逃跑，她会大叫："站住！小偷！"她知道这样附近的人都会来对付我。会有陌生人应声来抓我，想把我摁住，我不得不左躲右闪，同时放声大喊："我不是小偷！我是她儿子！"

那个周日的早晨，我最不想做的就是爬上拥挤的小巴，可是，当我听见妈妈说"Sun'qhela"的时候，就知道我的命运已经一锤定音。她抱着安德鲁，我们从那辆大众车里下来，走出门去搭车。

纳尔逊·曼德拉出狱那年，我5岁，就快6岁了。我还记得在电视上看到这一大事件，所有人都兴高采烈。我不知道我们为什么这么高兴，但大家就是这么高兴。我当时才意识到，有个东西叫种族隔离，而它要结束了，这是个大事件，但我并不理解其中错综复杂之处。

让我牢牢记住、始终无法忘怀的是随之而来的暴乱。民主战胜种族隔离的过程有时候被称为"不流血的革命"。之所以这么说，是因为白人没怎么流血。但黑人的血却洒满街头。

种族隔离制度被废除后，我们知道现在黑人要开始治理这个国家了。问题是，该由哪个黑人掌权呢？因卡塔自由党和非洲人国民大会之间的权力争夺引发了一系列暴力冲突。这两个党派之间的政治斗争十分复杂，但一个最简单的理解方法就是把双方的斗争看成是祖鲁人和科萨人之间的战争。因卡塔自由党主要由祖鲁人组成，非常激进，坚持民族主义。非洲人国民大会则由许多不同民族组成，但当时领导层主要是科萨人。他们非但没有联合起来谋求和平，反而针锋相对，做出了令人难以置信的野蛮行为。大规模骚乱爆发。每天晚上，我和妈妈都会打开那台小小的黑白电视机，收看新闻。12个人被杀。50个人被杀。上百人被杀。最后，成千上万的人被杀。

伊甸公园距离东兰德、托卡扎和卡塔翁3个镇子都不远，而这几个地方是因卡塔自由党和非洲人国民大会冲突最为激烈的地方。每个月至少有一次，在我们开车回家的路上，会看到附近街区燃起熊熊大火。数以百计的暴徒聚集在街头。这时妈妈会慢慢地开车从人群边缘蹭过去，绕过由燃烧的轮胎设置的路障。没什么能像轮胎那样燃烧，你无法想象那种怒焰冲天的景象。

无论何时爆发骚乱，所有邻居都会明智地关紧门，躲在家里。但我妈妈不这样。她还是正常出门，在我们小心翼翼穿过路障的时候，她会给骚乱者们一个这样的表情：让我过去，我跟这场混乱没关系——她就是这样临危不惧。我一直对此惊叹不已。哪怕我们的家门口正在打仗也影响不了她。她有事要做，有地方要去。正是这种固执，让她在汽车抛锚的情况下也要坚持去教堂。

那个周日，我们在几座教堂之间辗转奔波，最后来到了白人教堂。当我们走出罗斯班克联盟教堂时，天已经黑下来，只剩下我们几个人。经过一整天无休止的小巴之旅，我已经筋疲力尽。当时至少已经9点。那时候四处暴乱不断，没人那么晚还待在外面。我们站在杰里科大道和牛津路的交叉路口，那是约翰内斯堡富有白人郊区的中心地带，没有小巴。街上空空荡荡。

我真想对我妈妈说："你看到了吧？这就是上帝想让我们待在家的原因。"但我瞥了一眼她脸上的表情，就知道最好还是闭嘴。

我们等了又等，期待会有一辆小巴经过。种族隔离时期，政府不给黑人提供公共交通工具，但白人仍然需要我们去帮他们擦地板、打扫浴室。哪里有需要哪里就有发明，黑人发明出了自己的交通系统，一条条由私人组织非法运营的非正式公共汽车线路，完全游走于法律之外。不同组织运营着不同线路，彼此之间会为争夺控制权而发生冲突。相关贿赂和暗中交易的事情时有发生，暴力事件屡见不鲜，还有人需要支付大笔保护费以避免施暴行为。你绝不能偷偷跑竞争对手的线路。偷跑线路的司机会被杀死。由于无人监管，这种小巴也很不可靠。车子想来就来，不想来就不来。

站在罗斯班克联盟教堂外，我几乎就要趴在地上睡着了。一辆小巴的影子都没见到。我妈妈终于开口道："我们搭便车吧。"我们走啊走，好像走了一辈子那么久，终于有一辆车开过来，停了下来。司机愿意载我们一程，于是我们爬上车。车还没开出三米远，一辆小巴突然拐到我们面前，拦住了我们的去路。

一个祖鲁族司机拿着一根"iwisa"走下小巴，那是一种巨大的传统祖鲁族武器，简单来说就是一根打仗用的木棒。它的用途就是敲碎别人的脑袋。另一个人——他的跟班——则从副驾驶座走了出来。他们径直走到我们乘坐的汽车的驾驶座旁，一把抓住那个愿意载我们一程的男人，把他拖出驾驶座，用木棒朝着他的脸一顿乱揍。"你为什么要偷走我们的客人？你为什么搭人？"

他们看起来好像要把他打死一样。我知道这种情况时有发生。这时，我妈妈开口说道："嘿，听着，他只是在帮我。放开他。我们去坐你们的车。我们一开始就是想搭你们的车。"于是我们走出第一辆车，爬上小巴。

我们是小巴上唯一的乘客。除了顶着暴力黑帮分子的名头，南非小巴司机还因开车时爱发牢骚和教训乘客而臭名远扬。而这个司机正好是特别暴躁的那种。发车后，他就开始教育我妈妈，说她竟然去搭丈夫以外的男人开的车。我妈妈并没有老实接受陌生男人的教育。她让他少管闲事，而当他听到她说科萨语时，着实被激怒了。大家对祖鲁族女人和科萨族女人的成见，与对这两个种族的男人的成见一样根深蒂固。祖鲁族女人行为端正又守本分。科萨族女人则行为有失检点又不忠实。而我的妈妈就是他的民族敌人，一个带着两个小孩的科萨族女人，其中一个还是混血儿，正好验证了人们的成见。"噢，你是科萨人，"他说道，"这就说明了一切。让人恶心的女人。今天晚上就要让你尝点教训。"

他开始加速。他开得很快，一路都没有停，只有在十字路口稍微减速查看一下交通状况，然后又加速通过。死亡从未离我们如此之近。我妈妈可能受到伤害。我们可能被杀掉。这些情况都有可能发生。但我并不是没有完全理解我们究竟有多危险，我太困了，一心只想睡觉。而且，我妈妈表现得十分冷静。她没有惊慌失措，所以我也不知道害怕。她只是一直在跟他理论。

"如果我们惹恼了你，我道歉，老兄。你可以让我们就在这里下车——"

"不。"

"真的可以,没关系的。我们可以走——"

"不。"

他沿着牛津路疾驰,路上空空荡荡,没有一辆其他的车。我坐在离小巴推拉门最近的地方。我妈妈就抱着小安德鲁坐在我旁边。她看向窗外飞逝而去的街道,然后靠近我,低声说道:"特雷弗,等他在下个十字路口减速的时候,我会打开车门,我们就要跳下去。"

她说的我一个字都没听见,因为那时候我正在打盹。当我们来到下一个红绿灯前时,司机松了油门,四处张望,查看路况。我妈妈伸手拉开车门,一把抓起我,使劲把我往远处扔。然后,她抱着安德鲁,紧跟着我跳下了车。

一开始我还像在做梦,直到感到一阵疼痛。砰!我狠狠地摔在人行道上。我妈妈就落在我身旁,我们一路跌跌撞撞,连翻带滚。现在我彻底清醒过来。最后,我终于停了下来,支起身子,彻底晕头转向了。我看了看四周,看到了妈妈,她已经站了起来。她转头看向我,尖叫起来。

"快跑!"

我应声狂奔起来,她也跑起来,没人能像我和我妈妈这样跑。

这一切很难说清楚，我只知道应该做些什么。这是一种动物本能，当你生活在暴力无处不在、随时可能爆发的世界时，就会习得这种本能。在镇子上，当警察携带防暴装备，开着装甲车和直升机发动突袭的时候，我就知道：跑去找掩护。跑去躲起来。虽然我才5岁，但我知道要怎么做。就像瞪羚跑着躲避狮子，我也跑起来。

那两个男人停下小巴，下车想要追我们，但他们根本追不上。我们让他们领教了什么叫望尘莫及。我想他们一定惊呆了。我仍然记得当时回头看的那一眼，我看见他们停了下来，一脸不可置信的表情。他们不知道正在追的是玛丽韦尔学院运动会的卫冕冠军。我们一直跑到一家24小时加油站才停下来，打电话报了警。而那些人早就走了。

我仍然不知道为什么会这样，只是一直在肾上腺素的刺激下狂奔。一停下来，我就感觉浑身疼得不行。我低下头，发现手臂擦破了皮，伤口还裂开来。我身上到处是伤口，到处都在流血。我妈妈也一样。让人难以置信的是，我弟弟却毫发无伤。妈妈把他紧紧搂在怀里，他因此安然无恙。我惊讶地看向她。

"刚刚那是怎么回事？我们为什么要跑？"

"你说'我们为什么要跑'是什么意思？那些人要杀了我们。"

"你根本没告诉我这些!你只是把我扔出了汽车!"

"我告诉你了。你为什么没跳车?"

"跳车?我正在睡觉!"

"这么说,我应该把你留在车上,让他们杀了你?"

"至少他们会先叫醒我,再杀我。"

我们就这样你来我往地斗着嘴。我实在是不明白自己为什么会被扔下车,也实在是很生气,完全没有意识到刚刚到底发生了什么。我妈妈刚救了我一命。

我们终于可以松口气,等警察来把我们带回家,她说道:"好吧,至少我们安全了,感谢上帝。"

这次我没有保持沉默。

"嘿,妈妈,"我说道,"我知道你爱耶稣,但也许下周你可以请他到我们家来看我们。因为今晚发生的事可不好玩。"

她突然咧嘴大笑起来。我也开始哈哈大笑。深夜路边的加油站里,一个小男孩和他的妈妈就这样站在加油站的灯光下,一起哈哈大笑,两人的手臂和腿上还淌着血,沾着泥。

* * *

种族隔离制度是种族主义的完美表现形式。它历经数百年发展成形,早在1652年,荷兰东印度公司就在好望角登陆,并建立了贸易殖民地卡普斯塔德,也就是后来的开普敦,这里成为往来于欧洲和印度之间的船只的休息站点。为了实行白人统治,荷兰殖民者与当地人开战,最终制定了一系列法律来压制和奴役他们。当英国人接管开普敦殖民地后,原荷兰殖民者的后代就长途跋涉来到内陆地区,在那里发展出他们自己的语言、文化和习俗,最终自成一族:阿非利卡人——非洲白人。

英国人名义上废除了奴隶制,但实际上却仍在使用奴隶。他们之所以这么做,是因为在19世纪中期,在这个被看作是通往远东的旅途中几乎毫无价值的中转站的地方,一些幸运的资本家偶然发现了世界上最丰富的黄金和钻石储备,他们需要源源不断的可以牺牲的劳动力深入地下,把黄金和钻石挖出来。

随着大英帝国的衰落,阿非利卡人一跃而起,宣称南非是其合法继承物。面对日益壮大且蠢蠢欲动的黑人多数群体,政府意识到,想要巩固权力,就需要一套更新颖、更有力的手段。他们成立了一个正式的委员会,派人走出南非,研究世界各地制度化的种族主义。他们去了澳大利亚。他们去了荷兰。他们还去了美国。他们看到了哪些方法有效,哪些无效。然后,他们回到南非,发表了一份报告,政府则利用这些知识,创建了人类历史上最先进的种族压迫体制。

种族隔离制度代表着一个警察国家,一个监视系统,一系列旨在使黑人处于绝对控制之下的法律。如果要将这些法律条文完整汇编在一起,将是一本超过3000页的大部头,重量大约为4.5千克,但任何一个美国人应该很容易就能理解其主旨。在美国,当地土著被迫迁移到保留区,随之而来的还有奴隶制和种族隔离。想象一下,这三件事同时发生在同一群人身上。这就是南非的种族隔离制度。

* * *

2 天生有罪

我在种族隔离时期的南非长大,情况有点令人尴尬,因为我生活在一个混合种族家庭,而我自己正是那个混血儿。我妈妈帕特丽夏·努拜因赛罗·诺亚是黑人。我爸爸罗伯特是白人。准确地说是瑞士裔德国人。种族隔离期间,最严重的一种罪行就是与另一个种族的人发生性关系。显而易见,我爸妈就犯了这种罪。

在任何一个建立在制度化种族主义基础上的社会,种族融合不仅仅是在挑战这一体制的不公,还揭示了它无法持续发展和不合逻辑的本质。种族融合证明不同种族之间可以相互融合,而且在很多情况下,不同种族的人想要彼此融合。因为混血儿代表了对这种体制逻辑的谴责,种族融合于是成为比叛国更严重的罪行。

第一批荷兰人的船抵达塔布尔湾九个月后，南非就诞生了第一批混血儿。就像在美洲一样，这里的殖民者也知道怎么勾引当地女人，殖民者们常常这么干。但与在美洲只要任何人的身体里混进了一滴黑人的血就自动归为黑人不同，在南非，混血人既不属于黑人，也不属于白人，他们自成一族，被称为"有色人种"。政府强迫有色人种、黑人、白人和印度人登记各自的种族信息。根据这些分类，数百万人被迫背井离乡，重新安家落户。印度人聚居地与有色人种聚居地相互隔离，有色人种聚居地又与黑人聚居地相互隔离，而这些聚居地又都与白人聚居地相互隔离，不同聚居地之间都隔着一片空旷的缓冲地带。法律严禁欧洲人和当地人之间发生性关系，后来又修订了相关法规，变成禁止白人和所有非白人之间发生性关系。

政府费尽心机想要执行这些新法规。违反这些法规的人会被判处 5 年监禁。如果一对跨种族夫妻不幸被捕，那就只有祈求上帝怜悯了。警察会踹开他们的家门，把夫妻俩拖出来，一顿毒打之后再逮捕他们。他们至少会这么对待牵涉其中的黑人。

如果你问我妈妈，是否考虑过在种族隔离时期生下一个混血儿的后果，她会回答：没有。她身上有一种无所畏惧的精神，你必须先拥有这种精神，才能像她那样去做一些事情。如果你稍微迟疑考虑一下后果，就永远无法做任何事。虽然如此，生一个混血儿仍然是不顾后果的疯狂行为。一直以来，为了在夹缝中生存，我们必须小心翼翼，不能出丝毫差错。

在种族隔离时期，黑人男性一般在农场、工厂或矿场工作。黑人女性则是做女工或女佣。这差不多就是黑人所能有的选择。我妈妈不想在工厂上班。她还是个糟糕的厨师，绝不会容忍某个白人女士整天对她指手画脚。因此，她遵循本性，找到了一个本不属于她的选项：她参加了一个秘书培训课程，学习打字。当时，黑人女性学习打字就相当于盲人学开车。这份努力令人钦佩，但可能根本没人会雇你干活。法律规定，白领工作和技术型工作都是留给白人的。黑人不能在办公室工作。然而，我妈妈是个反叛者，而幸运的是，她的反叛恰逢其时。

20世纪80年代早期，为了平息国际社会对种族隔离暴行和侵犯人权行为的抗议，南非政府开始进行一些小改革。其中就包括象征性地雇佣黑人从事低级白领工作，比如打字员的工作。我妈妈通过职业介绍所找到了一份帝国化学工业公司的秘书工作，这是一家位于约翰内斯堡郊外布拉姆弗泰恩的跨国制药公司。

我妈妈开始工作时，还是跟我外婆一起住在索韦托，几十年前，政府把我们一家重新安置到这个小镇。但我妈妈在家过得并不开心，她22岁的时候就离家出走，住到了约翰内斯堡市中心。这么做只有一个问题：黑人住在那里是违法的。

种族隔离的终极目标是让南非成为一个白人国家，所有黑人都被剥夺公民身份，并被重新安置在黑人家园"班图斯坦"，它们是半自治的黑人领土，但实际上就是位于比勒陀利亚的政府的傀儡。但这个所谓的白人国家的正常运转又离不开黑人劳动力的奉献，这就意味着必须允许黑人生活在白人聚居地附近的小镇上，而这些小镇其实就是政府为黑人劳工修建的贫民窟，索韦托就是这样的郊外小镇。小镇是你生活的地方，但你只能凭借劳工身份留在那里。如果哪天你失去了这一身份，就会被赶回黑人家园。

想要离开郊外小镇去城里工作，或是因为其他原因要进城，你必须带上一张标有你身份证号码的通行证，否则，你可能会被逮捕。与此同时还有宵禁令：过了某个特定时间，黑人必须回到小镇，不然就有被逮捕的风险。可我妈妈一点也不在乎这些。她下定决心再也不回家。于是她留在城里，晚上就躲在公共厕所睡觉，后来她从设法留在城里的其他黑人女性那里学会了一套城市生活法则。

这些黑人女性中有很多是科萨人。她们跟我妈妈说一样的话，告诉她如何生存下去。她们教她如何穿着女佣的行头在城里来去自如。她们还把愿意在城里出租公寓给她的白人男性介绍给她。这些男人大多是外国人，比如一些不在乎相关法律规定的德国人和葡萄牙人。幸好我妈妈有工作，可以支付房租。她通过一个朋友认识了一个德国男人，他愿意以他的名义给她租一间公寓。她搬了进去，还买了一堆女佣服穿。她被逮捕过很多次，有时是因为下班回家的时候没带身份证件，有时是因为过了规定时间还待在白人聚居区。违反通行法的处罚是在监狱里待30天或交50兰特罚金，这笔罚金相当于她半个月的工资。她会东拼西凑地凑齐这笔罚金，交完钱后就没事人一样去做自己的事。

我妈妈的秘密公寓在一个叫希尔布罗的社区。她住在203号。同一条走廊上住着一个高个子、棕色头发、棕色眼睛的瑞士裔德国侨民，他的名字是罗伯特。他住在206号。作为曾经的贸易殖民地，南非一直有大量侨民。人们从四面八方来到这里。大批德国人。大量荷兰人。希尔布罗当时就是南非的格林威治。那里一派欣欣向荣的景象，既具有国际化风情，又充满自由气息。那里有许多画廊和地下剧场，艺术家和演员敢于在各个种族的人群面前大声疾呼，批评政府。那里还有许多餐馆和俱乐部，其中大多数是外国人开的，服务各色人等，包括讨厌现状的黑人和认为现状很荒谬的白人。这些人还会举行秘密集会，集会地点通常是在某人的公寓或是被改造成夜店的空地下室。从本质上讲，融合是一种政治行为，但集会本身并不带有政治性。人们就是聚在一起，结伴取乐，开开派对。

我妈妈也融入了这样的生活。她总是去参加聚会、派对，跳跳舞，见朋友。她是希尔布罗塔的常客，那座塔是当时非洲最高建筑之一。顶层有一家带旋转舞池的夜店。那是一段欢乐时光，但同时也危险重重。那些餐馆和俱乐部不时被关停。有时候演员和顾客还会被逮捕。这就像玩掷骰子一样。我妈妈从来不知道该信任谁，谁会向警察告发她。邻里之间都会相互告发。

独自在城市生活，既不被人信任，也不能相信他人，我妈妈开始越来越多地跟她觉得安全的人待在一起：住走廊另一头 206 号的高个瑞士裔男人。他当时 46 岁。她只有 24 岁。他沉默寡言，她活泼外向。她会在他的公寓门前停下来聊几句。他们一起去参加地下集会，去有旋转舞池的夜店跳舞。两人自然而然地擦出了火花。

而法律禁止这个男人与我妈妈组建家庭也成为某种吸引力。她想要个孩子，却又不想有个男人来干预她的生活。

而我爸爸嘛，据我所知，很长一段时间他都对生孩子表示拒绝。但他最后还是同意了。

在他表示同意之后，过了9个月，也就是1984年2月20日，我妈妈住进了希尔布罗医院，按计划接受剖宫产。与自己的家庭关系疏离，怀上一个无法在公开场合见面的男人的孩子，她就这样孑然一身。医生把她推进产房，剖开她的肚子，伸手进去取出一个黑白混血的孩子，这个孩子的出生违反了无数法律、法规和条例——我天生有罪。

医生把我取出来的时候还遭遇了尴尬一刻，他们当时说了句："哈，这个孩子的肤色真是浅啊。"他们快速扫视了一下产房，没发现谁像孩子的爸爸。

"孩子的爸爸是谁？"他们问道。

"他爸爸来自斯威士兰。"我妈妈把答案引向了南非西部的这个内陆小国。

他们应该知道她在撒谎，却还是接受了这个说法，因为他们需要一个说法。种族隔离时期，政府在你的出生证上标明一切：种族、民族、国籍。所有一切都要被归类。我妈妈撒了谎，说我出生在卡恩瓦尼，那里是生活在南非的斯威士人的半自治家园。因此，我的出生证上没有写我是科萨人，但其实我是。出生证上也没写我是瑞士人，政府不允许这么写。它只是标明我来自另一个国家。

我的出生证上没有爸爸的信息。从官方角度来说，他从来就不是我爸爸。我妈妈做好了独力抚养我的准备。她在朱伯特公园附近租了一间新公寓，那里紧挨着希尔布罗，她一出院就把我带到了那里。可是，我来到这个世界后，我爸爸就意识到，他不能看着儿子近在咫尺，却无法成为自己生活的一部分。于是，我们三个人在特殊政策下组成了所谓的家庭。我跟我妈妈一起生活。情况允许的时候，我们就会偷偷跑去见我爸爸。

大多数孩子是父母之间爱的证明，而我则是他们犯罪的证明。我只有在家里才能跟我爸爸待在一起。一旦出了门，他就必须跟我们隔着马路同行。我和妈妈以前经常去朱伯特公园。那就是约翰内斯堡的中央公园，里面有几个漂亮的花园，一个动物园，一个巨大的棋盘，上面摆着等人高的棋子，大家可以下着玩。有一次，妈妈告诉我，在我小时候，爸爸有一次试着跟我们一起散步。当时我们就在公园里，他在离我们很远的地方走着，我却追着他大叫："爸爸！爸爸！爸爸！"公园里的人纷纷看过去。他吓得跑走了。我却以为他在跟我玩游戏，继续追上去。

我也不能跟我妈妈走在一起，一个浅肤色的孩子跟一个黑人女人走在一起，会招来太多非议。在我还是个小婴儿的时候，她可以把我裹得严严实实，带去任何地方，但很快她就没法这么做了。我是个巨婴，一个巨大的孩子。我1岁的时候，你可能以为我已经2岁。我2岁的时候，你会以为我已经4岁。她没办法把我藏起来。

我妈妈还是找到了社会系统漏洞，就像她设法找到公寓和穿着女佣服一样。混血儿（父母一方是黑人，一方是白人）是违法的，但有色儿童（父母都是有色人种）却并不违法。于是，我妈妈就带着我以有色儿童的身份到处跑。她在一个有色人种聚居的地方找到了一家托儿所，她上班的时候就把我放在那里。我们公寓楼里住着一个叫奎恩的有色人种女人。我们想去公园的时候，我妈妈就会邀请她跟我们一起去。奎恩会跟我并排走，表现得像我妈妈一样，而我妈妈则会在我们身后几步远的地方跟着，看起来就像是为有色人种女人干活的女佣。我有很多跟这个女人走在一起时拍的照片，她看起来跟我长得有点像，但其实并不是我妈妈。而站在我们身后看起来像是来抢镜的黑人女人才是我妈妈。没有有色人种女人陪伴的时候，妈妈会冒险带我出门。这种情况下，她会牵着我的手或抱着我，如果遇到警察，她就不得不把我放下来，假装我不是她的孩子。

我出生的时候，妈妈已经有3年没有见过她的家人了，但她希望我认识他们，也想让他们认识我，于是离家出走的女儿回家了。我们住在城里，但假期的时候，妈妈通常会带我回索韦托跟外婆一起住几周。我对那个地方有很多回忆，一直觉得我们好像也同时在那里生活。

索韦托镇有近一百万人口，可以把它看成一座城市。镇上只有一出一进两条路。这样军队就能轻易把我们困在镇上，镇压任何叛乱。如果那群猴子发疯想要冲破牢笼，空军就会冲过来，把所有人炸得面目全非。从小到大，我从来不知道外婆一直生活在靶子中心。

在城市，虽然很难到处走动，但我们还是设法出门走动了。城市里有很多人外出走动，黑人、白人和有色人种，大家来往于上下班路上，我们很容易混迹其中。可是索韦托只有黑人。像我这样的混血儿很难藏匿于人群，政府也盯得更紧。在白人聚居区你几乎看不到警察，就算看到了，也是那种平易近人的警察，穿着带领子的衬衫和熨得笔挺的裤子。在索韦托，警察随处可见。他们不穿带领子的衬衫。他们一身防暴行头。他们已经完全军事化。他们通常以小组形式行动，被称为"闪电特攻队"，因为他们会坐着装甲运兵车从天而降，我们称这种像坦克一样的车为"河马"，它装着巨大的轮子，车身上有可供射击的槽孔。你可不敢去惹"河马"。你见到它就得跑。这就是现实生活。

我在外婆家里玩的时候，能听见枪声、尖叫声和向人群发射催泪弹的声音。

我对"河马"和"闪电特攻队"的记忆源于四五岁的时候，那时种族隔离制度终于开始崩溃。在此之前我从没见过警察，因为我们绝不能冒险让警察看到我。无论我什么时候去索韦托，外婆都不会让我出门。她看着我的时候总是说："不行，不行，不行。他不能离开屋子。"我可以在屋子里玩，也可以在院子里玩，但就是不能去街上玩。而别人家的男孩和女孩都在街上玩。我的表兄弟和邻居家的孩子都会打开大门，出去四处疯玩，直到傍晚才回家。而我则只能苦苦哀求外婆让我出去玩。

"求求你了。求求你了，我能跟我的表兄弟们一起玩吗？"

"不行！他们会把你抓走！"

很长一段时间里，我一直以为她说的是其他孩子会把我偷走，但其实她说的是警察。孩子会被抓走。已经有孩子被抓走过。肤色错误的孩子出现在错误的聚居区，政府就能介入，剥夺孩子父母的监护权，把他扔进孤儿院。政府依靠"impimpis"网络来维护镇上的治安，所谓"impimpis"就是匿名告密者，他们会举报任何可疑活动。除此之外还有"黑杰克"，他们是为警察干活的黑人。外婆的邻居就是个"黑杰克"。每次她要把我偷偷带回家或带出门时，都要先确定他没有在监视。

外婆直到现在还在讲我3岁时发生的一件事。当时我受够了坐牢般的生活，于是在靠近车道的大门下面挖了个洞，钻出去跑了。所有人都吓坏了。大家组队出去找我。我并不知道我给大家带来了多大的危险。全家人都可能因此被驱逐出境，外婆可能被逮捕，妈妈也可能去坐牢，而我则可能被送去接收有色人种儿童的孤儿院。

于是，我被关在家里。除了公园散步的零星片段，我对于童年的回忆大多出现在室内，不是我和妈妈待在她的那间小公寓里，就是我一个人待在外婆家里。我没有任何朋友。除了我的表兄弟们，我不认识其他小孩。我不是孤独的小孩，我是擅长独处的小孩。我会看书，玩玩具，幻想出虚构的世界。我曾经活在我的想象中。我仍然活在我的想象中。直到今天，我也可以一个人待上好几个小时，非常开心地自娱自乐。我需要提醒自己应该跟其他人有所接触。

我当然不是种族隔离时期唯一一个黑白混血儿。今天当我在世界各地旅游时，总能遇见其他南非混血儿。我们的故事开始时都一样。我们的年纪也相仿。他们的父母通常是在希尔布罗或开普敦的某个地下派对相遇。他们也曾在违法公寓生活。不同之处在于，他们后来几乎都离开了南非。他们的白人父亲或母亲经由莱索托或博茨瓦纳将其偷渡出境，这些"流放者"在英格兰、德国或瑞士长大成人，而他们之所以这么做，是因为种族隔离时期混血种族家庭的生活实在让人难以忍受。

曼德拉当选后，我们终于能过上自由生活。流放者们也开始返回南非。我 17 岁的时候遇到了第一个回归的流放者。他跟我说了他的故事，而我的反应则是："等等，什么？你的意思是我们可以离开？还有这么个选项？"想象一下你被人从飞机上扔了下去，你重重地跌落在地，所有骨头都断了，你去了医院，然后痊愈了，准备继续向前走，最后终于把所有一切都抛在脑后——然后，突然有一天，有人告诉你有个东西叫降落伞。这就是我当时的感受。我无法理解我们为什么要留下来。我径直回家，问我妈妈。

"为什么？我们为什么不直接离开？我们为什么不去瑞士？"

"因为你不是瑞士人，"她答道，一如既往地固执，"这是我的祖国。我为什么要离开？"

* * *

在南非这片土地上,新旧交织,古老与现代融合,而南非的基督教就是绝佳的例证。我们从殖民者那里继承这一宗教,但为了以防万一,大多数人也保留了祖先流传的古老信仰。在南非,人们既信仰圣父、圣子、圣灵三位一体,也相信巫术,施法和对敌人施咒。

在我所生活的这个国家,人们生病了更愿意去找被轻蔑地称为巫医的萨满或传统治疗师,而不是去看西医。在我所生活的这个国家,人们会因使用巫术遭到逮捕,并被送上法庭接受审判。我不是在说发生在18世纪的事情。我是在说5年前发生的事情。我还记得有个男人被指控用闪电袭击另一个人。闪电伤人的事情在黑人家园经常发生。那里没有高层建筑,也没有什么参天大树,人与天之间毫无遮挡,人们经常被闪电击中。当有人被闪电击中身亡,大家都认为这是有人利用自然力量发动的攻击。所以,如果你和那个被杀的人有过节,就会有人指控你谋杀,警察就会找上门。

* * *

3 特雷弗,祈祷吧

我成长在一个由女性主宰的世界。我爸爸很爱我和我们的家庭,但在种族隔离时期,我只能在政策允许的时间和地点与他见面。我舅舅维莱尔——也就是我妈妈的弟弟——跟外婆一起生活,但他大部分时间都在当地的小酒馆里打架。

在我的生活中,唯一算得上半正常的男性是我的外公,他是一股不可小觑的力量。他虽然跟外婆离婚了,但还是会不时出现在我们的生活中。他的全名是坦普伦斯·诺亚,名字听起来有点奇怪,因为他可不是什么温和的人[1]。他性情暴躁,爱大吼大叫。邻居们都叫他"Tat Shisha",大意是"火爆老爹"。他就是这样一个人。他爱

---

[1] 坦普伦斯英文为Temperance,有温和之意。——脚注如无特别说明,均为译注。

女人，女人也爱他。随便哪天下午，他都会穿上最好的西装，在索韦托的街道上漫步，引得每个人开怀大笑，把所有遇见的女人迷得团团转。他笑起来会露出一口洁白的牙齿，虽然是假牙，但丝毫不减其笑容的闪亮魅力。在家的时候，他会把假牙取下来，我会看着他取假牙，看起来就像在吃他自己的脸。

当他一时兴起想做什么事的时候，你无法阻止他，而且他的情绪波动很大。他年轻时曾是一名拳击手。有一天，他说我对他不敬，所以要跟我打一场拳击。当时他80多岁。我只有12岁。他举起拳头，绕着我转圈。"开始吧，特雷弗！来呀！举起你的拳头！打我！我会让你看到我仍然是个男人！开始吧！"我不能打他，因为我不想打长辈。而且，我从没打过架，我可不想人生的第一场架是跟一个80岁的老头对打。我跑去找我妈妈，她劝他停了手。经历过拳手暴怒，第二天，他一整天都一动不动地坐在椅子里，也没有说一个字。很久以后我们才知道，外公有躁郁症，我们之前一直以为他不过是性情古怪。

坦普伦斯和他的第二个家庭一起生活在梅多兰兹，我们很少去看望他们，因为我妈妈总是害怕被下毒。真的会发生这种事。第一个家庭的人是法定继承人，所以他们很可能被第二个家庭的人毒害。这就像是穷人版的《权力的游戏》。我们走进他们的房子时,我妈妈就会警告我。

"特雷弗,别吃他们的东西。"

"可是我饿了。"

"不能吃。他们可能会给我们下毒。"

"好吧,我能不能直接向耶稣祈祷,然后耶稣就会把毒从食物中拿走?"

"特雷弗,Sun'qhela!"

所以,我只能偶尔见到外公。

我的外婆弗朗西斯·诺亚是家族的大家长。她管理家务,照顾孩子,做饭打扫。她身高只有1米5左右,长年的工厂劳动让她直不起腰来,但她身子骨十分硬朗,现在仍然十分活跃,充满活力。我的外公身材高大,性情暴躁,外婆则沉着冷静,精明能干,头脑敏锐。如果你想了解从20世纪30年代到现在的任何一段家族历史,她都能告诉你哪件事发生在哪一天,在什么地方发生的,以及为什么会发生。她记得所有事情。

我的曾外婆也跟我们生活在一起。我们叫她可可。她年纪非常大,已经90多岁,弯腰驼背,身体虚弱,已经完全看不见了。她的眼睛因为白内障而蒙上了一层白雾。没有人搀扶她就没法走路。她常常坐在厨房的煤炉旁,身上套着长裙,头上裹着头巾,肩上披着毯子。煤炉总是燃着。我们用它来做饭、取暖和烧洗澡水。我们让她坐在那儿是因为那儿是家里最暖和的地方。早上,有人会把她叫醒,然后把她带到厨房坐好。晚上,有人会把她带回房间睡觉。她整天就做这一件事,日复一日。在煤炉边坐着。她对这一安排完全没有异议,感到很满足。她只是看不见,也动不了。

可可和我外婆会坐在一起聊很久,但作为一个5岁的孩子,我并不觉得可可是个真实的人。因为她的身体不能移动,她就像是一个长着嘴巴的大脑。我们之间的关系仅限于命令提示和回复,就像对着电脑说话一样。

"早上好,可可。"

"早上好,特雷弗。"

"可可,您吃了吗?"

"吃过了,特雷弗。"

"可可,我要出去了。"

"好的,小心。"

"再见,可可。"

"再见,特雷弗。"

我在女性主宰的世界长大成人并非偶然。因为爸爸是白人,种族隔离制度把我们隔离开来。但在外婆生活的索韦托，几乎我所认识的所有孩子的爸爸都因种族隔离制度而缺席，只不过具体原因各不相同。他们的爸爸也许在某个地方的矿井下工作，只有假期才能回家。他们的爸爸也许进了监狱。他们的爸爸还有可能因为为正义而战，惨遭流放。女人们把整个社区团结起来。

在索韦托，宗教填补了缺席的男人们留下的空白。我曾经问过妈妈，在没有丈夫的情况下独力抚养我是不是很艰难。她答道："我没有跟男人生活在一起，并不代表我从来没有丈夫。上帝就是我的丈夫。"在妈妈、姨妈西邦吉莱、外婆和我们所生活的街区的所有其他女人看来，生活以信仰为中心。街区的每个家庭会轮流举办祈祷会。这种祈祷会通常只有女人和孩子参加。

举办祈祷会的时候，我们会挤在主人家狭小的起居室，围成一个圈。然后开始转着圈祈祷。奶奶们通常会谈论她们生活中发生的事情。"我很高兴来到这里。我这周工作很顺利。我升职了，我想感谢您，赞美耶稣。"有时候她们会拿出《圣经》说："这段经文打动了我，也许它也能帮助你。"然后，大家还会一起唱赞美诗。有一种叫作"拍子"的皮垫子，你可以把它系在手掌上，起到打击乐器的作用。有人会戴着它拍手，在大家唱歌时打拍子："Masango vulekani singene eJerusalema. Masango vulekani singene eJerusalema."。

祈祷会就是这样。祈祷，唱歌，祈祷。唱歌，祈祷，唱歌。唱歌，唱歌，唱歌。祈祷，祈祷，祈祷。一场祈祷会有时候会持续数小时，最后总是以"阿门"结束，但她们可以把这句"阿门"连续说上至少5分钟。"阿门。阿阿阿门。阿阿阿阿门。阿阿阿阿阿阿阿阿阿阿阿门。门嗯门嗯门嗯。门门门。阿阿阿阿阿阿阿阿阿阿门嗯嗯嗯嗯嗯嗯嗯嗯嗯嗯嗯嗯。"然后大家互相道别，各自回家。第二天晚上，再到不同人家，重复相同事情。

索韦托自有其神奇之处。没错，它是由我们的压迫者设计的监狱，但它同时又给我们一种民族自决和自控的感觉。索韦托是我们的。它有一种你在其他地方找不到的进取气质。在美国，人们的梦想是走出贫民窟。而在索韦托，因为没法离开贫民窟，人们的梦想就变成了改变贫民窟。

索韦托生活着上百万人，这里没有商店，没有酒吧，也没有餐馆。这里没有修整好的路，供电量极小，排水系统也不完善。但是，当你把上百万人聚集到一个地方，他们就会自谋生路。黑市经济应运而生，人们在自己家里经营着各种生意：汽车修理、日托班、售卖翻新轮胎。

最常见的是小卖部和地下酒馆。小卖部是非正规的杂货店。人们就在自家车库摆一个小摊子，批发买入面包和鸡蛋，然后再以零售形式卖出去。镇上的所有人买东西的时候都只买一点点，因为大家都没什么钱。没钱一次买一打鸡蛋，但你可以一次买两个，因为那天早上你正好只需要两个鸡蛋。你还可以买四分之一个面包和一杯糖。地下酒馆就是开在一些人家后院的非法酒吧。人们在后院摆上几把椅子，撑起一个雨篷，非法酒吧就开始营业了。男人们会在下班后和祈祷会的时候去地下酒馆喝几杯，或者几乎一整天都泡在那里。

这里的人们还用买鸡蛋的方式建房子：每次建一点。政府给镇上的每个家庭都分配了一小块土地。一开始，你会在自己的土地上用胶合板和瓦楞铁皮搭一个临时棚屋。随着时间的推移，你攒下一些钱，再砌个砖墙。只有一面。接着你再继续攒钱，砌另一面墙。几年后，又有了第三面墙，最后是第四面。现在，你有一间房了，你们一家人就在这一间房子里睡觉、吃饭，以及完成其他所有事情。接着，你再存钱盖个房顶。然后是窗户。接着你再给墙上抹上灰泥。再然后，你的女儿会有自己的家庭。他们一家无处可去，只能搬来跟你一起住。你会在你的砖房上再搭一个铁皮棚子，过几年又把它变成适合女儿一家生活的房子。现在，你的房子有两间房了。然后会变成三间房。也有可能是四间。慢慢地，一代又一代，你们一直在为拥有一个家而努力着。

我外婆住在奥兰多东区。她有幢两室的房子。不是两个卧室，而是只有两室的房子。一间是卧室，另一间则兼具客厅、厨房和多功能房功能。有人可能会说我们过得像穷人。但我更喜欢用"开放性计划"来形容我们的生活。我和妈妈在学校放假的时候会住在那里。而西邦吉莱姨妈每次跟姨父丁奇闹矛盾之后，就会带着两个孩子姆隆吉西和布勒瓦到那去住。我和妈妈、姨妈和她的孩子们、舅舅、外婆和曾外婆全都挤在一间房里睡地板。大人们各睡一张泡沫床垫，另有一张大床垫铺在房间中央，孩子们全都睡在这上面。

我们后院有两间棚屋，外婆会把它们租给移民和季节工。我们房子一侧种着一棵小桃树，另一侧外婆则修了条私家车道。我一直不理解外婆为什么要修私家车道。她并没有车。她也不会开车。但她却有一条私家车道。我们邻居家都有私家车道，有的还装了气派的铸铁门。但他们也都没有车。这些家庭中的大多数将来都不会有车。这里每一千个人中可能只有一个人有车，但几乎每个人都有一条私家车道。人们好像要以修建私家车道的方式来召唤汽车。索韦托的故事就是私家车道的故事。这是个充满希望的地方。

可悲的是，不论你把房子修得多气派，有个东西你始终无法改善：厕所。索韦托室内没有自来水，通常是六七户人家共用一个公共户外水龙头和一个户外厕所。我们与几户邻居共用一个铁皮厕所。厕所里有块混凝土板，中间有个洞，洞上面放着一个塑料马桶座圈。马桶座圈上面曾经有个盖子，但很久之前就坏了，后来又消失不见了。我们买不起厕纸，所以在马桶座圈旁的墙上挂着一个铁衣架，上面搭着些旧报纸，大家就用这个来擦屁股。报纸用起来很不舒服，但至少我在上厕所的时候还能看点新闻。

公共厕所让我没法忍受的一点是苍蝇。屎要经过很长一段旅程才能落到茅坑底部，而苍蝇就守在下面吃屎，对此，我一直有一种强烈的莫名的恐惧，害怕它们会飞上来，钻进我的屁股。

我 5 岁那年的一天下午，外婆要出去办事，我要一个人在家待几个小时。我躺在卧室地板上看书。突然我想上厕所，可是外面正下着倾盆大雨。我很害怕去外面上厕所，这时候跑出去全身会被淋湿，雨水会从厕所天花板漏到我身上，报纸湿淋淋的，苍蝇还会从下方攻击我。然后我想到了一个主意：为什么要为公共厕所烦恼？为什么不在地板上铺一些报纸，然后像小狗一样在上面拉屎？这看起来真是个绝妙的主意。于是我就这么做了。我拿出报纸，展开铺在厨房地板上,然后脱了裤子,蹲下,拉屎。

当你坐下开始拉屎时,并没有完全进入状态。你还不是正在拉屎的人。你正从即将拉屎的人变身为正在拉屎的人。你可能要花一分钟时间才能便出第一坨,然后逐渐进入状态,整个人舒畅起来。一旦你进入这一时刻,一切都变得十分美好。

拉屎是一种了不起的体验,自有其神奇之处,甚至可以说意义深远。我想上帝之所以让人类以现有的方式拉屎,是因为它能让我们脚踏实地,让我们懂得谦卑。我才不在乎你是谁,我们全都以同一种方式拉屎。碧昂斯拉屎。教皇拉屎。英国女王也拉屎。拉屎的时候我们会忘记什么架子和尊严,忘记自己多出名或多富有。所有这些都被抛到脑后。

在厨房地板上蹲下拉屎的那一天,我的感觉就是:哇。没有苍蝇,没有压力。太棒了。我真的很喜欢这样。我知道我做了一个明智的选择,我为自己做出这样的选择感到骄傲。然后我随意地环视了一下房间,我向左边瞥了一眼,才发现在不远处,就在煤炉旁边,坐着可可。

当时的场面有点像电影《侏罗纪公园》里的场景,就是电影里的小孩一回头,发现霸王龙就在眼前。可可的眼睛睁得很大,虽然浑浊不清,却仍在四处张望。我知道她看不见我，但她开始皱鼻子，她能闻出来哪里有些不对劲。

我心慌意乱。我才刚拉到一半。我唯一的选择就是尽量静静地慢慢地拉干净，于是我决定就这么做。接下来：一个小男孩的一截屎落到了报纸上，发出最轻柔的扑通一声响。可可立刻把头转向传出声音的方向。

"谁在那儿？哈喽？哈喽？！"

我僵住不动。我屏住呼吸，等待着。

"谁在那儿？哈喽？！"

我保持安静，等待片刻，然后继续拉。

"有人在那儿吗？特雷弗，是你吗？弗朗西斯？哈喽？哈喽？"她开始挨个喊家里人的名字，"努拜因赛罗？西邦吉莱？姆隆吉西？布勒瓦？谁在那儿？发生了什么？"

这就像一场游戏，我想藏起来，一个盲女人则想通过声呐找到我。每次她一喊，我就僵住不动，同时保持绝对安静。"谁在那儿？哈喽？！"我就暂停下来，等她重新靠回椅子里，然后再继续。

最后，感觉像经过了永远那么长的时间，我终于拉完了。我站起来，拿起报纸——这可没法保持最安静状态——然后我慢慢慢慢慢慢地把它折起来。它发出窸窸窣窣的声音。"谁在那儿？"我再次暂停动作，等待片刻。

接着我又折了几下,走到垃圾桶旁,把我的屎放在了最下面,小心翼翼地用其他垃圾把它盖起来。然后我蹑手蹑脚地走回另一个房间,蜷缩在地板的床垫上,假装睡着了。我拉完了屎,没有去公共厕所,可可什么也没发现。

任务完成。

一小时后,雨停了。外婆也回家了。她一走进房子,可可就朝她嚷嚷起来。

"弗朗西斯?谢天谢地,你回来了。房子里有东西。"

"什么东西?"

"我不知道,但我听到了一些动静,而且还有气味。"

外婆开始闻空气里的气味。"天哪!是的,我也闻到了。是老鼠吗?死了什么东西?绝对就在房子里。"

她们在房子里找来找去,忧心忡忡,天渐渐黑了下来,我妈妈也下班回家了。她一进门,外婆就朝她嚷嚷起来。

"噢,努拜因赛罗!努拜因赛罗!房子里有什么东西!"

"什么?!你说什么?"

可可把包括声音、气味在内的整件事跟她说了一遍。

然后,拥有敏锐嗅觉的我的妈妈就开始围着厨房到处闻起来。"是的,我能闻到。我能找到它……我能找到它……"她来到垃圾桶旁。"就在这里面。"她把垃圾翻出来,扯出最下面折好的报纸,把它打开来,就看见了我的屎。她把它拿给外婆看。

"看!"

"什么?它怎么会在这儿?!"

可可虽然还是看不见,虽然还是被困在椅子里,但仍然急切地想知道发生了什么。

"发生了什么?"她叫道,"发生了什么?你找到了?"

"是屎,"妈妈答道,"垃圾桶底下有一泡屎。"

"这怎么可能?"可可说道,"之前没其他人在这里!"

"你确定没有其他人在这里?"

"是的。我叫了所有人的名字。没人来过。"

妈妈倒吸一口凉气。"我们被下咒了!是魔鬼!"

对我妈妈而言,这是符合逻辑的结论。因为巫术就是这样的。如果有人对你或你的家下咒,总会用到某样法宝或图腾,可以是一缕头发或一个猫头,充当灵体的物质形态和魔鬼存在的证明。

我妈妈一发现那泡屎,就怒不可遏。事情很严重。

她们有证据。她走进卧室。

"特雷弗!特雷弗!醒醒!"

"什么?!"我装作什么都不知道的样子问道,"发生了什么?"

"快过来!房子里有魔鬼!"

她抓起我的手,把我从床上拖下来。大家都准备就绪,随时开始行动。我们要做的第一件事就是出去把证据烧掉。对付巫术就要这么做,摧毁它的唯一方法就是烧掉实物。我们来到院子里,我妈妈把包着我的屎的报纸放在车道上,划燃一根火柴,把它点着。然后,妈妈和外婆围着燃烧的屎,开始祈祷、唱赞美诗。

这场骚动并没有就此停止,因为只要出现魔鬼,整个街区的人都要加入进来驱魔。如果你不加入祈祷,魔鬼就可能离开我家,去你家,诅咒你。所以,所有人都要加入。警报大作。大家奔走相告。我那矮小的老外婆走出大门,在街区来回奔走,召集其他所有老奶奶来参加紧急祈祷会。"快来啊!我们被下咒了!"

而我就呆立在那儿,看着我的屎在车道上燃烧,我那可怜的上了年纪的外婆惊恐地在街上踉跄而行,我不知道该做些什么。我知道没什么魔鬼,可是,我也不能坦白交代。我必须隐瞒下去?天哪。一旦有所隐瞒,诚实就绝不是什么最佳对策。于是,我保持沉默。

过了一会儿,老奶奶们都手捧《圣经》,陆续来到我家,她们穿过大门,走过车道,至少有十几个人。大家都走进房子。房子里挤满了人。这是迄今为止我们举办过的规模最大的一次祈祷会,是当时我们家历史上发生过的最重大的事件。大家围坐成一圈,不停祈祷,大家的意志十分强烈。这群老奶奶或低声吟唱,或喃喃自语,她们前后摇摆着身体,嘴里念叨着方言。我尽量低下头,想要置身事外。突然,外婆伸手一把抓住我,把我拽到祈祷圈中心,直视着我的眼睛。

"特雷弗,祈祷。"

"对!"我妈妈附和道,"帮帮我们!祈祷,特雷弗。祈祷上帝杀掉魔鬼!"

我吓坏了。我相信祈祷的力量。因此,如果我祈祷上帝杀了留下屎的家伙,而实际上那个留下屎的家伙就是我,那么,上帝就会杀了我。我僵立在那儿一动不动。我不知道该怎么办。可是,所有老奶奶都在看着我,于是我祈祷起来,尽我所能,结结巴巴地说道:

"亲爱的上帝,请保护我们,嗯,您知道的,不受做下这种事的人的伤害,可是,我们并不知道究竟发生了什么,也许这只是个大大的误会,您知道的,在我们还没有弄清楚所有情况的时候,也许我们不应该这么快就下结论,我的意思是,您当然最清楚一切。天父,也许这次并不是什么魔鬼干的,因为谁也不能确定,所以,也许您能给做了这件事的人一个机会……"

这不是我表现最好的一次。我草草说完就坐了下来。祈祷继续。大家又祈祷了一会儿。然后，所有人终于觉得魔鬼已经走了，生活可以继续了，我们高声说了句"阿门"，然后大家互道晚安，各自回家。

那天晚上，我感觉十分糟糕。上床睡觉前，我低声祈祷："上帝，我为这一切感到非常抱歉。我知道这一点也不酷。"因为我知道：上帝会回应祈祷。上帝是天父。他会时刻守护你，照顾你。你祈祷的时候，他会停下来，他会花时间听你祈祷，然而，虽然我知道世界上有很多痛苦和折磨，他有比我的屎更重要的事情要处理，却还是让他听了老奶奶们两个小时的祈祷。

* * *

小时候,电视台会转播美国电视剧:《天才小医生》《女作家与谋杀案》和威廉·夏特纳主持的《救援911》。大部分电视剧都配上了南非各种语言。《家有阿福》是南非语,《变形金刚》是索托语。如果你想看英语版的,广播电台会同步播放美国原版音频。你可以把电视调成静音,搭配电台音频观看。看这些电视剧的时候,我意识到,每当黑人演员在屏幕上说着非洲语言时,我就会对他们产生一种亲切感。他们好像本就该说这种语言。然后我在广播里收听他们的同步广播,发现他们都有美国黑人口音。于是,我对他们的看法改变了。他们变得不再亲切。他们感觉好像外国人。

语言与身份和文化背景密切相关,或者至少会让人产生这样的认知。如果我们说一样的语言:"我们就是一样的。"如果我们说不一样的语言:"我们就是不一样的。"种族隔离制度的缔造者显然明白这一点。他们为分裂黑人而做出的努力之一,就是确保我们不仅在身体上被隔离,而且在语言上也被隔离。在班图学校,孩子们只用他们的母语学习。祖鲁族的孩子们只用祖鲁语学习。茨瓦纳族的孩子只用茨瓦纳语学习。因此,我们都掉进了政府设置的陷阱,相信彼此是不一样的,相互争斗不止。

如果你是种族主义者,你遇到了一个和你种族不同的人,而且他还跟你说不一样的语言,这就会强化你的种族偏见:他不一样,没我聪明。然而,语言的伟大之处在于,你也很容易用它来做相反的事情:说服人们,你们是一样的。如果和你种族不同的人跟你说一样的语言,你的大脑就会短路:"如果他跟我不是同一个种族,他就跟我不一样"这样的种族主义认知,突然与"如果他跟我说一样的语言,他……就像我一样"这样的语言认知发生碰撞。有点不对劲。而且很难把它弄清楚。

* * *

4 变色龙

索韦托生活着近百万人。其中99.9%都是黑人,然后,还有一个我。因为肤色问题,我在我所生活的街区小有名气。我实在太独特了,人们会把我当路标使。"马卡里马街上的那幢房子。你在街角那会看到一个浅肤色的男孩。就在那右转。"

街上的孩子们一看见我就会大叫:"Indoda yomlungu!"。"白人!"一些小孩见到我掉头就跑。另一些会叫他们的父母过来一起看我。还有一些会跑过来,试着摸摸我,看我是不是真人。情况通常有点乱糟糟。当时让我不理解的是,其他孩子是真的不知道白人是什么。镇上的黑人小孩没有离开过镇子。几乎没有人家里有电视机。他们见过白人警察从镇子经过,但从没面对面地跟白人打过交道。

小时候，我知道人有不同肤色，但在我脑子里，白色、黑色和棕色就像不同颜色的巧克力。爸爸是白色巧克力，妈妈是黑色巧克力，我是牛奶巧克力。但我们都是巧克力。我不知道这与"种族"有什么关系。我不知道种族是什么。我妈妈从没说过我爸爸是白人，我是混血人。因此，尽管我的肤色是浅棕色，可索韦托的其他孩子们都叫我"白人"时，我只是认为他们因为没有好好学习，把颜色弄混了。

我很快学到，跨越种族鸿沟的最快方法是语言。索韦托是个大熔炉：这里的居民来自不同民族和家园。镇上的大多数孩子只会说母语，但是，我学会了多种语言，因为我生长在这样一个混合种族家庭，除了学会它们别无选择。我妈妈确保英语是我的第一语言。如果你是南非黑人，学会说英语对你大有益处。英语相当于钱。英语理解能力等同于智力。如果你想找工作，是否会说英语决定了你是否能找到工作。如果你站在被告席上，是否会说英语决定了你只是简单被罚款还是去坐牢。

除了英语，我们家还说科萨语。我妈妈生气的时候就会说回母语。作为一个淘气的孩子，我很熟悉那些用来威胁孩子的科萨语。它们是我学会的第一组短语，大部分时候是出于安全考虑才学的，比如说"Ndiza kubetha entloko"，意思是"我要敲爆你的头"，或是"Sidenge ndini somntwana"，相当于"你这个笨小孩"。这是一种充满激情的语言。除此之外，我妈妈还到处学了些不同的语言。她学过祖鲁语，因为它跟科萨语很像。因为我爸爸的缘故，她还会说德语。她还会说南非语，因为知晓压迫者的语言通常很有用。她还在街头学了些索托语。和妈妈生活在一起，我看到她是如何用语言来跨越各种界限，应付各种情况，驾驭这个世界。有一次我们在一家商店买东西，店主就站在我们面前，只见他转头用南非语对保安说了句："Volg daai swartes, netnou steel hulle iets."。意思是："跟着那些黑人，小心他们偷东西。"

我妈妈转过身来，用一口漂亮流利的南非语说道："Hoekom volg jy nie daai swartes sodat jy hulle kan help kry waarna hulle soek nie?"。意思就是："你为什么不跟着这些黑人，这样就能帮他们找到想找的东西？"

"Ag, jammer!"店主用南非语表示歉意。然而有意思的是，他并不是为其种族歧视行为道歉，而只是为向我们俩施行种族歧视行为表示歉意。"噢，对不起，"他说道，"我以为你跟其他黑人一样。你知道他们有多爱偷东西。"

我学会了像我妈妈一样使用语言。我会同步调频——

用你的语言跟你交流。走在街上的时候人们会向我投来怀疑的目光。"你从哪里来?"他们会问。我则会用他们提问的语言回答问题,连口音都模仿得一模一样。他们会有片刻困惑,然后目光中的怀疑就会消失不见。"哦,好的。我以为你是外地人。没事了。"

这成了我终生受用的工具。年少时,有一天我正走在街上,一伙祖鲁人走在我后面,他们越走越近,我能听到他们在商量要怎么抢我的东西。"Asibambe le autie yomlungu. Phuma ngapha mina ngizoqhamuka ngemuva kwakhe."意思就是:"我们就对这个白人下手。你上去拦在左边,我从后面堵住他。"我不知道该怎么办。我不能跑,于是我迅速转过身去,说道:"Kodwa bafwethu yingani singavele sibambe umuntu inkunzi? Asenzeni. Mina ngikulindele."。意思就是:"哟,兄弟们,我们为什么不一起去抢别人呢?我准备好了。我们一起干吧。"

一瞬间的震惊过后,他们开始哈哈大笑。"噢,对不起,兄弟。我们以为你是别人。我们没想从你身上拿走任何东西。我们只是想偷白人的东西。祝你开心啊,兄弟。"他们本来已经准备要暴力伤害我,但发现我们可能属于同一个民族之后,就打消了念头。我生活中发生的类似这样的小意外让我意识到,语言比肤色更能决定你是谁。

于是，我变成了一条变色龙。我的肤色并没有改变，但我可以改变你对我的肤色的看法。我跟你看起来不一样，但如果我说话跟你一样，我就是你的同一伙人。

随着种族隔离制度走向灭亡，南非的精英私立学校开始接收所有肤色的孩子。我妈妈的公司向贫困家庭提供奖学金，她设法把我送进了玛丽韦尔学院，这是一所昂贵的私立天主教学校。学校由修女授课，周五做弥撒，教会学校的一整套流程都很齐全。3岁的时候我就在这里上学前班，5岁开始上小学。

我的班上有各种肤色的小孩。黑人小孩，白人小孩，印度小孩，有色人种小孩。大多数白人小孩家都很有钱。而其他肤色的小孩家一般都没什么钱。但因为有奖学金，我们可以坐在一起上学。我们穿着相同的绛紫色校服上衣，相同的灰色校服裤和校服裙。我们有一样的课本。我们有一样的老师。学校没有种族隔离。每个小团体都混合着各个种族的孩子。

孩子们仍然会被嘲笑或欺负，但都是因为孩子间的寻常小事：因为胖了或瘦了，高了或矮了，聪明或蠢笨。我不记得有谁因为种族原因而被嘲笑。我也没有学会应该喜欢什么，不应该喜欢什么。我有广阔的空间去探索自己。

我对一些白人女孩心动过，也喜欢过一些黑人女孩。没人问我我是什么人。我只是特雷弗。

这是一段美妙的经历，但缺点是让我远离了现实。玛丽韦尔是让我远离现实的一方绿洲，这个舒适的地方让我不用去做艰难的选择。但现实世界并没有走远。种族主义仍然存在。人们仍然会受到伤害，没有发生在你身上并不意味着没有发生。在某一时刻，你必须做出选择。黑人还是白人。站个队。你可以试着逃避这种选择。你可以说："哦，我不站队的。"但是在某一时刻，生活会强迫你站队。

读完六年级，我离开玛丽韦尔，去 H.A. 杰克小学上学，这是一所政府学校。入学前，我必须参加一个能力测试，测试结果出来后，学校辅导员告诉我："你要去优等生的班级 A 级班上课了。"开学第一天，我走进我的教室。教室里有大约 30 个孩子，大多数是白人。另外有一个印度小孩，也许还有一两个黑人小孩，然后就是我。

休息时间到了。我们来到操场上，到处都是黑人小孩。那里是黑色的海洋，就好像有人打开了水龙头，所有黑人都涌了出来。我当时的心情是：他们都躲在哪的？那天早上我见到的白人小孩全都朝一个方向走去，而黑人小孩则朝另一个方向走去，我被留在中间，完全不知所措。我不理解发生了什么。

当时我11岁,感觉像是第一次看清我的国家。在镇子上,你看不到种族隔离,因为所有人都是黑人。而在白人的世界,妈妈每次带我去白人教堂的时候,我们都是那里唯一的黑人,我妈妈并没有把自己跟任何人隔离开来。她一点也不在乎。她会径直走过去跟白人坐在一起。而在玛丽韦尔,孩子们都混在一起玩。那天之前,我从没见过人们既在一起,又不在一起,人们待在相同的空间,却选择不与对方发生任何交集。就在那一瞬间,我不仅看到了,也感觉到了界限的存在。不同肤色的人群各自在操场上、楼梯上、礼堂里结伴而行。这太疯狂了。我看向那天早上见到的白人小孩们。10分钟前我还以为这所学校白人居多。现在我才意识到他们的人数实际上非常少。

我一个人尴尬地站在操场中央的无人地带。幸运的是,班上一个叫提桑·皮雷的印度小孩拯救了我。提桑是学校里为数不多的印度小孩,他因此立即注意到了我这个显而易见的局外人。他跑过来做了自我介绍:"你好,奇怪的家伙!你跟我一个班。你是谁?说说你的情况?"我们开始聊天,一拍即合。他把我置于他的羽翼保护之下,就像《雾都孤儿》里的"插翅神偷"对迷茫的奥利弗所做的那样。

一番交谈后,提桑得知我会说好几种非洲语言,而他认为一个有色人种小孩会说黑人的语言实在不可思议。他把我带到一堆黑人小孩面前。"随便说点什么,"他对他们说,"他都能听懂。"一个孩子说了几句祖鲁语,我用祖鲁语回应了几句。所有人都欢呼雀跃起来。另一个孩子说了几句科萨语,我用科萨语回了几句。所有人都又一阵兴高采烈。剩下的课间休息时间里,提桑把我带到操场上不同的黑人孩子面前。"让他们见识一下你的绝招。说几句听听。"

那些黑人孩子都被我迷住了。白人或有色人种小孩很少有会说非洲语言的。我会说非洲语言这件事,让我一下子就赢得了黑人孩子们的好感。

"你怎么会说我们的语言?"他们纷纷问道。

"因为我是黑人,"我答道,"跟你们一样。"

"你不是黑人。"

"是的,我是。"

"不,你不是。你难道没看清过你自己吗?"

一开始,他们充满疑惑。因为我的肤色,他们以为我是有色人种,可是,我跟他们说同一种语言这件事又意味着我属于他们的民族。他们花了一点时间才弄清楚。我也花了一点时间才弄清楚这一点。

过了一会儿,我转向其中一个孩子问道:"嘿,为什么没在我的班级看到你们?"一问才知,原来他们都是在B级班,也就是黑人班级。那天下午,我回到A级班,但到那天结束的时候,我意识到,这样的班级不适合我。突然之间,我意识到我属于哪些人,而我想要跟他们在一起。我去见了学校辅导员。

"我想换班,"我告诉她,"我想去B级班。"

她十分不解。"噢,不,"她说道,"我认为你不会要这么做。"

"为什么?"

"因为那些孩子是……你知道的。"

"不,我不知道。你想说什么?"

"你看,"她说道,"你是个聪明的孩子。你不想去那样的班级。"

"可是,班级不应该都一样吗?英语是英语。数学是数学。"

"是,可是……那些孩子会拖你的后腿。"

"可是,B级班里一定也有聪明的孩子。"

"不,没有。"

"可是,我的朋友全都在那儿。"

"你不会想跟那些孩子做朋友。"

"不,我想。"

"你真的知道这么做会对你的未来产生什么样的影响吗？你真的明白你正在放弃什么吗？这会影响你接下来的人生中可能有的机会。"

"我愿意冒这个险。"

我换到了 B 级班，跟黑人孩子们待在一起。我宁愿被我喜欢的人拖后腿，也不要跟我不了解的人一起向前。

在 H.A. 杰克小学，我意识到我是黑人。在那次课间休息之前，我从不需要做出选择，可是，当我不得不做出选择的时候，我选择了黑人。全世界都认为我是有色人种，可我并不只是盯着自己看。我一辈子的时间都在看别人。我自认为是周围人的一分子，而我周围的人就是黑人。我的表兄弟们是黑人，我妈妈是黑人，我外婆也是黑人。我成长在黑人家庭。因为我有个白人爸爸，因为我曾上过白人的主日学校，我跟白人小孩也相处得很好，可是，我并不属于白人小孩。我不是他们的一员。但黑人孩子欢迎我。跟黑人孩子在一起时，我不需要一直努力融入。跟黑人孩子在一起时，我就是黑人孩子。

* * *

种族隔离制度实行之前，南非黑人一般都是经由欧洲传教士接受正规教育，这些外国热心人士渴望将当地人基督教化和西方化。黑人在教会学校学习英语、欧洲文学、医学和法律。正因为如此，纳尔逊·曼德拉、史蒂夫·比科等反种族隔离运动的重要黑人领袖几乎都是接受的欧洲传教士教育——知识使人自由，或者至少使人渴望自由。

因此，让种族隔离制度行之有效的唯一方法，就是削弱黑人的思考能力。在种族隔离时期，政府修建了所谓的班图学校。班图学校不教科学，不教历史，也不开展公民教育。那里教度量和农业：怎么数土豆，怎么铺路，怎么砍柴，怎么耕田。"学习历史和科学对班图学生来说没用，因为他们还处于原始状态。"政府表示，"教这些只会误导他们，就好比给他们指了片草地，却又不许他们去放牧一样。"值得表扬的是，他们至少还很诚实。为什么要让奴隶接受教育？如果一个人注定一辈子只能做挖土刨坑的工作,有什么必要教他拉丁语?

教会学校被告知必须遵守新课程,不然就会被关闭。大多数教会学校惨遭关闭,黑人孩子被迫迁去一些破旧的学校,那里的教室拥挤不堪,老师自己通常都不认识几个字。我们的父母和祖父母都只接受过少量唱歌谣方式的教育,其受教育程度就相当于学龄前儿童学习认识形状和颜色的水平。我的外公曾经唱过这些歌,并嘲笑当时学的这些歌有多傻。二二得四。二三得六。啦啦啦啦啦。而一代又一代的心智成熟的青年接受的都是这样的教育。

南非的教育状况还清晰地反映了压迫我们的两类白人——英国人和阿非利卡人的差异。英国种族主义者和阿非利卡种族主义者的差异在于,前者至少给了原住民一些希望。如果他们能学会正确使用英语,穿着得体,如果他们能英国化和文明化,有一天他们或许会成为受社会欢迎的一员。阿非利卡人却从没给过我们这样的机会。

* * *

5 第二个女儿

我妈妈曾对我说:"我选择生下你,是因为我想去爱一些东西,也想有什么东西可以无条件地爱我。"我是她寻找归属感的产物。她从没有觉得自己属于哪里。她不属于她的妈妈,不属于她的爸爸,也不属于她的兄弟姐妹。她从小一无所有,她想要一些属于她自己的东西。

我外公和外婆的婚姻并不幸福。他们在索菲亚镇相识、结婚,但一年后,军队来到镇子上把他们赶走了。政府占领了他们的家,铲平了整片区域,新建起一片名为"Triomf"的高级白人郊区。"Triomf"是"胜利"之意。我外公和外婆跟成千上万的黑人一起被迫搬到了索韦托,住在一个叫作梅多兰兹的街区。搬来没过多久,他们就离婚了,外婆带着妈妈、姨妈和舅舅搬去了奥兰多。

我妈妈是个问题儿童,假小子性格,既不循规蹈矩,又顽固倔强。我外婆不知道该怎么教她。她们之间的爱在持续不断的斗争中磨损了。但我妈妈很喜欢她的爸爸——光彩照人、魅力四射的坦普伦斯。她常跟着他一起出去找乐子。他去小酒馆喝酒的时候，她也会跟着去。她生活的唯一愿望就是讨他欢心，跟他待在一起。而他的女朋友们总是赶她走，她们不喜欢有这么一个跟屁虫，一个他第一段婚姻的纪念品，可是，她们这么做反而让她更想跟他待在一起。

我妈妈9岁的时候，她跟我外婆说不想再继续跟她在一起生活。她想跟他爸爸一起生活。"如果这是你想要的，"外婆说道，"那就去吧。"坦普伦斯过来接我妈妈，她高兴地跳上他的车，准备跟她爱着的亲人一起生活。可是，他并没有把她接去梅多兰兹跟他一起生活，甚至都没提前告诉她原因，就把她打发去科萨的黑人家园特兰斯凯，跟他妹妹一起生活——他也不想要她。我妈妈是夹在中间的小孩。她姐姐是老大。她弟弟是家里唯一的男孩，是家族里传宗接代的人。他们都留在索韦托，由他们的父母抚养和照顾。但没人想要我妈妈。她是第二个女儿。在这个世界上，她真是无足轻重。

我妈妈有12年没见过她的家人。她跟14个表兄弟姐妹挤在一间棚屋里，这14个孩子来自14个不同的家庭。

所有的丈夫或叔叔舅舅们都去城市打工了，那些没人想要的孩子或无力抚养的孩子都被送回家园，在这个姑妈或舅妈的农场一起生活。

黑人家园表面上是南非各族的原始家园，是黑人享有完全独立主权和半独立主权的"国家"，黑人在那里是"自由的"。当然，这是个谎言。首先，虽然黑人占南非人口的 80% 以上，但分配给黑人家园的土地只占南非领土的 13%。而且，黑人家园既没有自来水，也没有电。那里的人们都住在棚屋里。

南非白人生活的乡村豪华气派，不缺灌溉用水，到处郁郁葱葱，而黑人的土地却人口过剩，过度放牧，土壤越来越贫瘠，还不断遭受侵蚀。除了从城市寄回微博的工资，黑人家庭只能依靠务农勉强维持生计。我妈妈的姑妈并不是因为仁慈才收留她。她在那里是要干活的。"我就是一头母牛，"我妈妈后来跟我说过，"也是一头公牛。"她和她的表兄弟姐妹们早上四点半就要起床耕地、放牧，不然太阳不仅会把土地晒得像水泥一样坚硬，还酷热难耐，逼得人只能待在荫凉处。

晚饭可能会有一只鸡，14 个孩子分着吃。我妈妈要跟大点的孩子争抢，才能吃到一点肉或喝到一口肉汁，甚至只是抢到一根骨头，吸一点骨髓。而这还得是有晚饭可吃才行。没有晚饭可吃的时候,她会从猪那儿偷东西吃。她还会从狗那儿偷东西吃。农民会给家畜们一些残羹剩饭,而她会奋不顾身地扑向这些残渣。她太饿了,就让这些动物们自己想办法解决吃的问题吧。有好几次她是真的在吃土。她会去河边,从河岸挖一些泥巴,加点水搅成一种灰不拉几的"牛奶"。她会喝下这种东西,让自己感觉饱了。

但我妈妈很幸运,虽然政府大力推行班图教育政策,她所在村庄的教会学校仍然设法坚持教学。那里有一位白人牧师教她英语。她没有食物或鞋子,甚至连一套内衣裤都没有,但她会英语。她能读能写。年纪足够大的时候,她就不再在农场干活,而是去附近镇上的工厂找了份工作。她踩着缝纫机缝制校服。她每天工作的报酬是一盘食物。她常说那是她吃过的最好的食物,因为是她自己挣来的。她不是任何人的负担,也不欠任何人任何东西。

我妈妈21岁的时候,她的姑妈生病了,特兰斯凯的这个家不能再收留她。我妈妈写信给外婆,让她寄一张火车票的钱给她,好让她回家。回到索韦托,我妈妈报名了秘书课程,这使她得以在白领世界的最底层占据一席之地。她埋头苦干,可是生活在外婆的屋檐下,她不能保留自己的工资。作为秘书,妈妈带回家的钱比其他任何人都多,而我外婆坚持认为这些钱全部要补贴家用。家里需要收音机、烤箱和冰箱，这都成了我妈妈需要承担的责任。

很多黑人家庭穷其一生都在填补过去的缺憾。这是身为黑人和穷人的诅咒，是世世代代都无法摆脱的诅咒。我妈妈称其为"黑人税"。因为黑人先辈们已经被剥夺殆尽，你就不能再随心所欲地利用技能和教育发展自己，而要竭尽全力把所有落后于你的人拉回起跑线。为索韦托的家人辛苦工作的日子里，我妈妈的生活还不如在特兰斯凯自由，于是她选择逃离。她一口气跑到火车站，跳上一辆火车，来到城市，在能够自力更生之前，她决定就一直在公共厕所过夜。

我妈妈时不时跟我讲一讲她的生活故事，这样我就不会认为我们过上今天的生活是理所当然，但她这么做绝不是出于自怜。"需要从过往中学习，因为有这段过去的经历而变得更好，"她总是这么说，"但不要为了过去哭泣。生活充满痛苦。让痛苦磨砺你，但不要沉溺其中。不要苦上加苦。"她从没有沉溺于痛苦之中。对于年轻时的贫困，父母的背叛，她从未抱怨过一句。

她既不抓住过去不放，也不重复过去：我的童年跟她的童年截然不同。她从我的名字开始抛弃过去。科萨人给孩子取名字都会赋予一定含义，往往会在其今后的人生中有所体现。我表哥姆隆吉西的名字的意思是"解决问题的人"。他就是这样一个人。无论什么时候我遇到麻烦,他都会想办法帮我解决。他一直都是好孩子,会帮忙做家务,为一家人操劳。我舅舅维莱尔是意外怀上的孩子。他的名字的含义是"不知道从哪儿冒出来的人"。而这也是他一生的写照,时不时消失,时不时从哪儿冒出来。他会在一番狂欢痛饮后突然消失不见,一周后又突然不知从哪儿冒出来。

我妈妈叫帕特丽夏·努拜因赛罗·诺亚。她的名字的意思是"回馈的人"。她就是这么做的。她不停地回馈。她小时候还在索韦托生活时就开始回馈。在街上玩时,她会注意到一些三四岁的孩子无人看管,整天在外面乱跑。我妈妈当时也就六七岁,她会把那些没人管的孩子聚集到一起,组成一支小队伍,把他们带到小酒馆去。他们会从喝醉的人那儿收集空酒瓶,用它们换押金。然后我妈妈拿着这些钱到小卖部买吃的分给孩子们。她是照顾孩子的孩子。

给我取名字的时候,她选了"特雷弗",这个名字在南非没有任何特殊含义,开了我家的先例。它甚至都不是一个来源于《圣经》的名字。它只是一个名字而已。我妈妈希望她的孩子不受制于命运。她希望我能自由地去任何地方,做任何事情,成为任何人。

她也赋予了我这么做的能力。她教我英语，把这当作我的第一语言。她经常为我读书。我学会看的第一本书是那本书——《圣经》。我们还从教堂获得大部分其他书籍。我妈妈会整箱整箱地从教堂往家拿书，它们都是白人捐赠的，有绘本，有章节书，以及各种各样她能拿到的书。她还报名了一个订阅项目，我们可以通过邮件获得一些图书，基本都是《如何成为一个好的朋友》《如何做个诚实的人》这类实用指南类型的书。她还买了一套百科全书，这套书已经有15年历史，早已过时，但我还是会坐下来认真阅读。

我的书是我珍贵的财产。我把它们都放在书架上，引以为傲。我爱我的书，十分爱护它们。我一遍遍地阅读它们，但从没有把书页或书脊弄折。我珍惜每一本书。随着年龄的增长，我开始自己买书。我喜欢幻想类图书，乐于沉浸在不存在的世界中。我记得我曾有一本讲白人男孩破案的书，但我可没工夫看这种书。我只想看罗尔德·达尔：《詹姆斯与大仙桃》《好心眼儿巨人》《查理和巧克力工厂》和《亨利·休格的神奇故事》。这才是我的最爱。

我还必须说服妈妈给我买《纳尼亚传奇》系列。她不喜欢这套书。

"这头狮子，"她说，"他就是个假神——一个假偶像！你还记得摩西拿到法板下山后发生了什么吧……"

"是的，妈妈，"我解释道，"可是狮子是基督的代表。严格来说，他就是耶稣。这是一个阐释耶稣的故事。"

她对此感到不适。"不，不。朋友，不能有假偶像。"

最终，我说服了她。那可是一次巨大的胜利。

如果说我妈妈有什么目标，那就是解放我的思想。我妈妈会像大人一样跟我说话。她总是给我讲故事，给我上课，尤其是《圣经》课。她特别喜欢《旧约》中的《诗篇》。我每天必须要读《诗篇》。她还会出题考我。"这段是什么意思？它对你有什么意义？你如何在生活中运用它？"我每天都得回答这样的问题。我妈妈做了学校没有做的事情。她教我如何思考。

种族隔离制度的瓦解经历了一个缓慢的过程。它不像柏林墙在一天之内倒塌。种族隔离的墙历经多年才逐渐破裂、粉碎。政府在多个方面做出妥协，一些相关法律被废除，还有的则根本没执行。在曼德拉获释的那几个月里，我们终于可以不再那么偷偷摸摸地生活。也就是在那时，我妈妈决定搬家。她觉得我们已经在镇上的小公寓里躲得够久了。

现在，国家开放了。我们应该去哪儿呢？去索韦托的话会有负担。我妈妈仍然想摆脱家庭的阴影。我妈妈既不想搬去黑人聚居区,也无力承担在白人聚居区的生活,她最后决定搬去有色人种聚居区。

伊甸公园位于东兰德,毗邻几个黑人小镇,是一个有色人种聚居区。一半有色人种,一半黑人,她觉得这就跟我们家一样。我们能在那里继续伪装生活。可是事与愿违,我们一直没有融入那里的生活。但我们搬家的时候她的确是这么想的。而且这是一个买房子的机会,一个拥有属于我们自己的家的机会。伊甸公园是那种真正处于文明边缘的"郊区"之一,房地产开发商介绍这里时会说:"嘿,穷人们。你们也可以过上美好生活。这里就有房子。虽然现在一片荒芜。但是,瞧啊,你已经有院子了!"伊甸公园周围的街道不知道为什么都是以汽车品牌命名:捷豹街、法拉利街、本田街。我不知道这是否是巧合,但有趣的是,南非的有色人种正是以喜爱豪车而闻名。这就像生活在一个白人社区,所有的街道都以高级葡萄酒品种命名。

我还记得搬家时的一些零星片段,我们开车到了一个我从没见过的地方,看到了一些我从没见过的人。那里道路很平坦,没什么树,地上有着和索韦托一样的红色泥土和绿草,但那里有更像样的房子,铺好的路,散发着郊区的气息。我们家的房子很小,就在丰田街的转角处。房子里面很简陋，也很促狭，但是一走进去，我就忍不住在心里感叹：哇，我们要开始真正的生活了。拥有自己的房间，简直太疯狂了。我不喜欢这样。我一直跟我妈妈睡在一个房间，或是跟我的表兄弟们睡在地上。我已经习惯了有人睡在我身旁，所以，大多数晚上我都睡在妈妈的床上。那时候家里还没有继父，晚上也没有年幼的弟弟号啕大哭。只有我和她。这让我产生一种我们俩在经历一场伟大冒险的感觉。她会对我说："这是我和你在一起对抗这个世界。"我们是一个团队。

我们搬到伊甸公园之后，才终于有了一辆车，就是那辆破旧的橙色大众汽车，妈妈几乎没花什么钱买来的二手车。这辆车平均五次中就有一次发动不起来。车里没有空调。每次我误开风扇的时候，通风口跑出来的枯叶碎片和灰尘就喷我一身。每次车坏了，我们就要搭小巴，有时候还得拦顺风车。

而当车顺利开动时，我们要摇下窗户，一路忍受风声呼啸，烈日炙烤。车里的收音机一直只播放一个电台。这个电台就是"布道台"，台如其名，这个电台只播布道内容和赞美诗。妈妈不允许我换台。

虽然我们的车破烂不堪，但它还是一辆汽车。它代表着自由。我们不是被困在镇上的黑人，只能等待公共交通工具。我们是可以满世界跑的黑人。我们是一觉醒来可以说"我们今天去哪儿"的黑人。在我们上班和上学的路上，有一段通往城镇的漫长的道路，完全荒无人烟。开到这段路的时候，妈妈会让我来开车[1]。她让我在高速公路上开车。而当时我才6岁。她会把我放到她腿上，让我操纵方向盘和指示灯，她则控制踏板和变速杆。这样练习几个月后，她又教我如何操纵变速杆。她仍然负责踩离合器，但我会爬到她腿上，握住变速杆，我们开车的时候，她就会喊出需要的挡位。我们中途要经过一段路，那段路先是降到山谷深处，然后从另一端升起来。过这段路时，我们先会加速，然后放空挡，松开刹车和离合器，呜呼！我们直冲下山路，然后，嗖！我们飞升到了路的另一头。我们是在飞翔。

我们不去上学、上班或去教堂的时候，就去外面探险。我妈妈的态度是："我选择了你，孩子。我把你带到这个世界上来，我要给你我从未有过的一切。"她把全部心思都花在我身上。她会为我们找到不需要花钱的去处。我们一定已经去过约翰内斯堡的每一个公园。我妈妈会坐在树下读《圣经》，而我就在一旁疯玩疯跑。周日下午结

---
[1] 特雷弗的妈妈这种做法有极大的危险性，也是违反《交通法》的，请读者正确理解文中的时代和社会背景，切勿模仿。

束教堂活动后,我们会开车去乡下兜风。我妈妈会找一些风景优美的地方野餐。我们没有野餐篮或野餐盘这种东西,只有博洛尼亚红肠、黑面包和用牛皮纸包起来的人造黄油三明治。直到今天,博洛尼亚红肠、黑面包和人造黄油还能让我瞬间回到过去。只要给我博洛尼亚红肠、黑面包和人造黄油,我就仿佛置身天堂。

我们的汽车就是一个装着轮子的铁罐,而我们住的地方也很偏僻。我们的家具都破烂不堪,其中包括破洞丛生的旧沙发。我们有一台黑白小电视机,顶上还有兔子耳朵一样的天线。我们要用钳子换频道,因为按钮坏了。大多数时候,你都得眯缝着眼睛才能看清电视里在播什么。

我们穿的是二手衣服,有的是从慈善商店买的,有的是教堂里的白人送的。学校里的其他孩子都会穿耐克和阿迪达斯这种名牌衣服或鞋子。而我从没穿过什么牌子货。有一次,我让妈妈给我买一双阿迪达斯运动鞋。她则带了一双山寨的"阿比达斯"鞋子回来。

"妈,这是假的。"我说道。

"我看不出有什么区别。"

"看看那个标识。这里有四道杠,而不是三道。"

"你走运啦,"她说道,"多了一道杠。"

我们可以说是一贫如洗,但我们一直有教堂,一直有书，一直有食物。请注意，并不一定是美味的食物。肉是奢侈品。日子好过的时候，我们有鸡肉吃。我妈妈十分擅长拆开鸡骨头，吸干每一滴骨髓。我们不是在吃鸡，而是在摧毁它们。我们家是考古学家的噩梦。我们连根骨头都不会留下。通常我们吃完鸡后，只会剩下鸡头。有时我们唯一能吃到的肉是一种打包好的肉，你可以在肉铺买到这种被叫作"肉屑"的肉。它真的就是碎屑，切肉时掉下来的碎屑被打包送到肉铺，里面夹杂着各种肥肉屑和其他乱七八糟的肉渣。它们被收拢到一起，装进袋子里。这种肉屑本来是用来喂狗的，但妈妈会买来给我们吃。很长一段时间，我们只吃这个。

肉铺也卖骨头。我们称之为"汤骨"，但铺子里的人其实管这叫"狗骨头"。人们会买来喂狗，作为对狗的奖赏。每当日子艰难的时候，我们就会吃狗骨头。我妈妈会用它熬汤。我们还会吸食骨髓。吸食骨髓是穷人很早就学会的一项技能。我永远不会忘记长大后第一次去高级餐厅，有人告诉我："你得尝尝这里的骨髓。实在是美味无穷。那滋味妙不可言。"他们点了这道菜，服务员把它端上桌，我的反应则是："狗骨头！"我一点也没觉得这有多了不起。

虽然我们的生活很拮据，但我从没觉得我们很穷，因为我们的生活实在是丰富多彩。我们总是外出做点什么，或是去个什么地方。我妈妈曾经开车带我在漂亮的白人街区里兜风。我们会去看他们的房子，看他们的豪宅。我们还会看他们的墙，主要是因为我们从马路上只能看到墙。我们会看到一面墙从街区的这头一直延伸到另一头，不禁感叹："哇。这只是一幢房子的墙。所有这些都只给一家人住。"有时候，我们会把车停在路边，走到墙边，她会把我放到她的肩膀上，让我充当小潜望镜。我就往院子里看，同时把看到的一切描述出来。"这是幢很大的白色房子！他们有两条狗！那儿还有棵柠檬树！他们有个游泳池！那还有个网球场！"

我妈妈还带我去黑人从没去过的地方。她才不理会黑人不能做什么或不应该做什么这样荒谬的想法。她带我去溜冰场溜冰。约翰内斯堡市郊曾经有一个气势恢宏的露天汽车影院——顶星汽车影院，这个影院建在一个巨大的废矿堆上。她会带我去看电影，还会给我买零食，我们直接把扬声器挂在车窗上。在顶星可以俯瞰包括郊区和索韦托在内的城市全景。在那里，我可以看到方圆数英里的地方。我感觉自己就站在世界之巅。

在我的成长过程中，对于我可以去哪儿或可以做什么，妈妈好像从没设过限。回顾成长岁月，我意识到她像抚养白人小孩一样抚养我,并不是说对我灌输白人文化,而是让我相信世界也是属于我的,我应该为自己发声,我的思想、想法和决定都很重要。

我们经常让人们去追寻他们的梦想,但是你只能梦想那些你能想象得到的东西,而且,这取决于你来自哪里,你的想象力可能非常有限。成长在索韦托这样的地方,我们的梦想就是在房子上再加盖一间房间。或许是修一条私家车道。也许是有一天在车道尽头加装一扇铸铁大门。因为这就是我们所熟悉的全部世界。但其实世界的可能性远远超出你目之所及。我妈妈让我看到了这种可能性。我对她的生活一直感到惊讶的一点是,没人告诉过她应该怎样生活。她靠自己的力量活成了这样。她完全靠意志力找到了自己的人生路。

也许更令人惊讶的是,我妈妈在还不知道种族隔离会结束的时候,就开始了她的小计划——我。人们没有理由认为种族隔离会结束,它已经历经好几代人的生活。曼德拉被释放的时候,我还不到6岁,南非最终迎来民主的时候我才10岁。然而,早在我们知道自由会到来之前,她就已经让我过上了自由生活。对于我们来说,更有可能面对的人生选择是在黑人小镇艰难度日或是去有色人种孤儿院里待着。但我们从没有这样生活过。我们只是埋头向前走,而且总是走得很快,等到法律和其他人赶到的时候,我们已经走到几公里之外,我们驾驶着明亮的橙色汽车在高速公路上飞驰,摇下那辆破破烂烂的大众汽车的车窗,聆听吉米·斯瓦加特高声赞颂耶稣。

人们都认为我妈妈疯了。溜冰、看露天电影和郊游,这些都是"izinto zabelungu"——白人的玩意。如此多的黑人将种族隔离的逻辑内在化,把它变成自己固有的逻辑。邻居和亲戚们曾在我妈妈耳边喋喋不休。"为什么做这些事?他绝不可能离开贫民窟,为什么要让他看到外面的世界?"

而她总是这么回答:"因为即使他一辈子也不能离开贫民窟,他也会知道,贫民窟并不是整个世界。能让他明白这一点,我就知足了。"

* * *

虽然种族隔离制度很强大,但它也有致命弱点,首先它从来就没有任何意义。种族主义不合逻辑。想想看:中国人在南非被划分为黑人。与印度人不同,这里的中国人太少,没必要为他们单独设计一个分类。尽管种族隔离制度错综复杂、分类精准,但却不知道该拿中国人怎么办,于是政府表示:"嗯,我们就把他们称为黑人吧。这样更省事。"

有趣的是,种族隔离时期,日本人却被贴上了白人的标签。原因是南非政府想与日本建立良好关系,以便进口日本的高档车和电子产品。于是,日本人被授予荣耀的白人身份,而中国人仍然是黑人。我总喜欢把自己想象成一名南非警察,很可能根本分不清中国人和日本人的区别,却要确保肤色不正确的人不要做不正确的事。如果他看到一个亚洲人坐在白人专用的长凳上时,他会说什么?

"嘿,那个中国人,从那张凳子上起来!"

"不好意思,我是日本人。"

"哦,我向您道歉,先生。我没有种族歧视的意思。祝您下午愉快。"

* * *

6 漏洞

每个孩子生下来都是自己宇宙的中心,除了自己的欲望和需要之外,并没有能力理解这个世界,我也不例外。我是个贪婪的孩子。我成箱成箱地看书,而且还想看更多、更多、更多书。我像猪一样贪吃。以我吃东西的方式,我本应该吃成个大胖子。家里人一度以为我肚子里有寄生虫。每次假期去表兄弟家,我妈妈都会给我带上一袋西红柿、洋葱、土豆和一大袋玉米面。这是她先发制人堵住那些因为我的到来引发的抱怨的手段。在外婆家,我总能吃上加餐,其他孩子都没有这样的待遇。外婆会把锅递给我说:"吃光它。"如果你不想洗碗,直接把特雷弗叫来就行了。他们都叫我"垃圾桶"。我不停地吃啊吃啊吃。

我还过分活跃。我随时都在寻求刺激,完全闲不下来。

我还在蹒跚学步的时候,当我走在人行道上时,如果你不紧紧抓住我的胳膊,我就会挣脱开,全速冲向车流。我喜欢被人追着跑。我觉得这就是个游戏。我妈妈上班时雇来照顾我的老奶奶们结果如何?她们都被我折磨得眼泪汪汪。我妈妈下班回家时总能见到她们在抹眼泪。"我不干了。这工作没法干。你儿子是个暴君。"我学校的老师和主日学校的老师也有相同感受。只要你没看住我,你就有麻烦了。我不难相处。我不吵不闹,也没有被宠坏。我很有礼貌。我只是精力旺盛。

只要我过剩的精力没有被消耗掉,就会转化成调皮捣蛋的行为。我为自己是终极捣蛋鬼而自豪。学校里的老师上课时都会用投影仪把笔记投到墙上。有一天,我去每间教室转了一圈,把投影仪里的放大镜全都取了出来。还有一次,我把一个灭火器里的东西全倒进了学校的钢琴里,因为我知道第二天的集会上要进行钢琴表演。第二天当演奏者坐下来,弹出第一个音符时,嘭!钢琴里爆出一堆泡沫。

我最喜欢的两样东西是火和刀。我对它们着迷不已。喜欢刀只是因为它很酷。我从当铺和旧货摊收集各种刀:弹簧刀、蝴蝶刀、兰博求生刀、鳄鱼邓迪刀。火才是我的最爱。我爱火,尤其爱烟花。我们在 11 月庆祝盖伊·福克斯日,每年我妈妈都会给我们买一大堆烟花,堆在那里简直像一个迷你军火库。我琢磨着我可以把所有烟花的火药取出来,自制一个超大烟花。一天下午,我和我的表哥真这么干了,我们往一个空花盆里填进大量火药,但在这一过程中,我的注意力被一种叫作"黑猫"的爆竹吸引开去。黑猫爆竹的酷炫之处在于,除了直接把它点燃放掉,你还可以把它掰成两半,然后再点燃,它就会变成一个迷你火焰喷射器。于是我停下填火药的活儿,开始玩黑猫爆竹,可不知怎么的,一根火柴掉进了火药堆。整个火药堆爆炸了,一大团火球朝我脸上飞过来。姆隆吉西失声大叫,我妈妈惊慌失措地跑到院子里来。

"发生什么事了?"

虽然我还能感觉到火球在我脸上留下的热度,但仍故作镇静地答道:"哦,没什么。没什么事。"

"你在玩火吗?"

"没有。"

她摇了摇头说道:"你知道吗?我要揍你一顿,耶稣已经揭穿了你的谎话。"

"哈?"

"去厕所看看你自己吧。"

我走去厕所,照了照镜子。我的眉毛不见了,额前的头发也烧掉了好几厘米。

在大人眼中,我是个破坏王,无法无天,但作为一个小孩子,我并不这么认为。我从没想过搞破坏。我只是想创造。我不是在烧眉毛。而是在创造火焰。我不是在破坏投影仪。我是在制造混乱,看人们有何反应。

我妈妈总是想管住我。我的优势是年轻、精力无限,她则是"老奸巨猾"。一个周日,我们去逛商店,有一家店摆了个巨大的太妃糖苹果堆头。我很喜欢太妃糖苹果,于是一路都缠着她不放。"求求你,我能要一个太妃糖苹果吗?求求你,我能要一个太妃糖苹果吗?求求你,我能要一个太妃糖苹果吗?求求你,我能要一个太妃糖苹果吗?"

最后,当我们拿完了所有要买的日用杂货,我妈妈朝收银台走去的时候,我终于把她磨得受不了了。"好吧,"她说道,"去拿一个太妃糖苹果吧。"我跑过去拿回一个太妃糖苹果,把它放在收银台上。

"请加一个太妃糖苹果。"我说道。

收银员怀疑地看着我。"小子,排队去。我还在给这位女士结账。"

"不是的,"我说道,"就是她要给我买这个苹果。"

我妈妈转头看向我,说道:"谁要给你买这个苹果?"

"你要给我买。"

"不,不。你妈妈怎么不给你买?"

"什么?我妈妈?你就是我妈妈。"

"我是你妈妈?不,我不是你妈妈。你妈妈在哪儿?"

我彻底糊涂了。"你就是我妈妈。"

收银员先看看我妈妈,再看看我,然后又看看我妈妈。我妈妈耸耸肩,好像在说:"我完全不知道这个孩子在说什么。"然后,她看向我,那眼神就好像这辈子从来没见过我一样。

"你迷路了吗,小家伙?你妈妈在哪儿?"

"对,"收银员附和道,"你妈妈在哪儿?"

我指着我妈妈说道:"她就是我妈妈。"

"什么?她不可能是你妈妈,小子。她是黑人。你看不出来吗?"

我妈妈摇了摇头,说道:"这个可怜的有色人种小男孩跟妈妈走散了。真可怜啊。"

我慌得不行。我疯了吗?她不是我妈妈?我放声大哭起来。"你就是我妈妈。你就是我妈妈。她就是我妈妈。她就是我妈妈。"

我妈妈又耸了耸肩,说道:"太让人伤心了。我希望他能找到他妈妈。"

收银员也点了点头。她付了钱,拿起我们买的东西,走出了商店。我扔下太妃糖苹果,泪流满面地跟着她跑了出去,在汽车旁追上了她。她转过身,狂笑起来,就好像狠狠耍了我一通。

"你为什么哭?"她问道。

"因为你说你不是我妈妈。你为什么说不是我妈妈?"

"因为你总是缠着我要太妃糖苹果。现在,上车。我们回家。"

在我七八岁的时候,我变聪明了,没那么好骗了,于是她也改变策略。我们的生活变成了法庭闹剧,两个律师常常揪着对方的漏洞和细节争论不休。我妈妈很聪明,能言善辩,但我在争论中反应速度更快。她会因为跟不上节奏而乱了方寸。于是,她开始给我写信。这样她就能清楚地阐明她的观点,也不用跟我进行唇枪舌剑。如果我这天要做家务,回到家就能在门缝下看到一个信封。

亲爱的特雷弗,

"你们做儿女的,要凡事听从父母,因为这是主所喜悦的。"

——歌罗西书 3:20

作为我的孩子和一个年轻人,我对你有一些期望。你要打扫你的房间。你要保持房间干净。你要整理好你的校服。我的孩子,我希望你:尊重我的规则,这样我也会尊重你。我希望你现在就去洗碗,然后去花园里除草。

谨启

妈妈

我会做家务,而如果我有什么要说的,也会回一封信。因为我妈妈是秘书,每天放学后我要在她办公室待几个小时,我学到了很多有关商业信函的知识。我对自己的写信能力感到无比自豪。

敬启者:
亲爱的妈妈,

我已经收到您之前的信。我很高兴告诉您,我已经开始洗碗,我还要继续洗一个小时左右。请注意,花园地面潮湿,我不能在这时候去除草,但是请放心,我会在周末之前完成这项任务。另外,我完全赞同您对于尊重一事的说法,而且,我会将我的房间保持在一个令人满意的标准之上。

>   谨启
>   特雷弗

这样的信件算是"礼尚往来"。如果我们真的吵得不可开交，或是我在学校惹了麻烦，我回到家时就会收到指责意味更重的信件。

亲爱的特雷弗，

"愚蒙迷住孩童的心，用管教的杖可以远远赶除。"

>   ——箴言篇 22:15

你这学期的成绩非常令人失望，你在课堂上也还是喜欢捣乱，目无师长。你的行为清楚表明，你不尊重我。你也不尊重老师。学着尊重你生命中的女性吧。你怎么对待我和老师，将来也就会怎么对待世界上的其他女性。学会管束现在这样的行为，这样你才会成为更好的男人。鉴于你的行为，我要罚你一周禁闭。这期间不许看电视，也不许打游戏。

>   谨启
>   妈妈

我当然觉得这样的惩罚一点也不公平。我会拿着信跟她当面理论。

"我能跟你谈谈这封信吗?"

"不能。如果你想做出回应,就必须写信。"

我会走回我的房间,拿出笔和纸,坐在小书桌前,逐一回击她的指责。

敬启者:

亲爱的妈妈,

  首先,这学期学校的日子很不好过,您说我的成绩糟糕是很不公平的,尤其是考虑到您自己在学校的时候成绩也不是很好,而我终究是您的孩子,所以在某种程度上,您也应该被指责,因为如果您在学校的表现不好,凭什么我在学校的表现就会好呢?毕竟,我们有着相同的基因。外婆经常说您在学校有多调皮,所以,我的调皮捣蛋显然是遗传您的,那么,我认为您这么指责我是不对的、不公平的。

谨启
特雷弗

我会把信拿给她,然后站在一旁看她读信。她总是把信撕了扔进垃圾桶。"垃圾!这就是垃圾!"然后她会对我大发雷霆,而我则会说:"啊——啊——啊。不行。你必须写信。"然后我就走回我的房间,等着她的回信。这样的针锋相对有时候会持续好几天。

这样的书信往来常用于解决小问题。如果遇到大问题,我妈妈就像大多数南非黑人家长一样,会用老派方法来解决。如果我把她逼急了,她就会动用皮带或树枝。那段日子就是这么过来的。我的很多朋友也都尝过这种滋味。

如果我愿意,我妈妈本可以坐下来好好打我一顿,但她永远都抓不到我。我外婆叫我"跳羚",它是地球上速度第二快的哺乳动物,是猎豹的捕食对象。于是,哪里能打到我,我妈妈就会在哪开打,策略十分灵活机动。

我妈妈让我敬佩的一点是,她从来没让我质疑自己为什么要挨打。她打我不是因为情绪激动或愤怒。她打我是一种爱的惩罚。我妈妈一个人照顾着我这么个疯狂的小孩。我毁坏钢琴。我在地板上大便。我调皮捣蛋,她会打我一顿,给我时间哭一哭,然后再次跑到我房间,笑着说:"可以吃饭了吗?如果想看《救援911》,我们就得赶紧吃饭了。你来吃吗?"

"什么?你刚打了我一顿!"

"是的。因为你做了错事。但这并不代表我不再爱你。"

"什么?"

"你看,你有没有做错事?"

"我有。"

"然后呢?我打了你。但现在都结束了。那为什么还要坐在这里哭呢?到了看《救援911》的时间。威廉·夏特纳正等着我们呢。你来不来?"

说到惩罚,天主教学校可不是闹着玩的。在玛丽韦尔学院的时候,只要我惹了祸,他们就会用一把金属尺子的边缘敲我的指关节。如果骂了人,他们就用肥皂洗我的嘴。如果犯了严重的错,就会把我送到校长办公室。只有校长才有权力正式惩罚你。你得弯下腰,他则用一个像鞋底一样的平坦的橡胶做的东西打你的屁股。

每次校长打我的时候,总感觉他害怕打得太用力。有一天,我又挨打了,心里却想着:天哪,要是我妈能像这样打我就好了。然后我大笑起来。我笑得停不下来。校长十分不安。"如果你挨打的时候大笑,"他说道,"那么,你一定有什么问题。"

后来,学校让我妈妈带我去看心理医生,这样的情况还发生过两次。而每个对我做过检查的心理医生都会说:"这孩子没什么问题。"我只是太有创造力,太独立,精力太旺盛。心理治疗师的确给我做了一系列测试，他们得出的结论都是，我要么会成为一名优秀的罪犯，要么会非常擅长抓罪犯，因为我总能找到规则的漏洞。每当我认为一个规则不合逻辑的时候，我就会设法绕过它。

例如，关于周五弥撒圣餐仪式的规定就毫无意义。在整整一个小时的时间里，我们先跪下，再站起来，再坐下，然后再跪下，再站起来，再坐下，接着继续跪下，站起来，坐下，到快结束的时候，我早已饥肠辘辘，但我从来就不被允许领圣餐，因为我不是天主教徒。其他的孩子可以吃耶稣的身体，喝耶稣的血，但我不能。而且耶稣的血是葡萄汁。我又很爱喝葡萄汁。葡萄汁和饼干——小孩子还会奢求其他什么呢？可是他们却一样也不让我吃。为此，我总是会跟修女和神父争论。

"只有天主教徒才能吃耶稣的身体、喝耶稣的血，是吗？"

"是的。"

"可耶稣不是天主教徒呀。"

"他不是。"

"耶稣是犹太人。"

"嗯，是的。"

"那么，你就是在告诉我，如果耶稣现在走进你的教堂，他也不会被允许吃耶稣的身体、喝耶稣的血？"

"这个……呃……嗯……"

他们从来没给出过令人满意的答复。

一天早上，在弥撒开始之前，我偷偷溜到祭坛后面，喝光了整瓶葡萄汁，吃掉了整袋圣餐，以弥补其他时候吃不到喝不到的遗憾。

在我看来，我没有违反规定，因为这些规定没有任何意义。而我最后之所以被揪出来，只是因为另一个孩子在忏悔时出卖了我，然后牧师告发了我。

"不，不，"我抗议道，"你们违反了规定。那是需要保密的信息。牧师不应该转述你的忏悔内容。"

他们才不管那么多。只要他们想，校方可以违反任何规定。校长痛斥了我一通。

"什么样的怪人才会吃光耶稣的身体、喝光耶稣的血？"

"饿肚子的人。"

我又被打了一顿，然后第二次去看心理医生。我第三次去看心理医生是在六年级的时候。一个小孩欺负我。他说要暴打我一顿，于是我就带了把刀到学校。我并不打算用它，只是想带着它。学校才不管那么多。这是压垮他们的最后一根稻草。准确地说，我并没有被开除。校长让我坐下，对我说："特雷弗，我们可以开除你。你需要好好想想，你明年是不是真的还想留在玛丽韦尔。"我想他以为他是在给我下最后通牒，希望我能改过自新。但我却觉得他是在给我大开方便之门，于是我欣然接受了。"不，"我告诉他，"我不想留在这里。"我的天主教学校生涯就这么结束了。

有意思的是，我并没有因为这件事惹恼我妈妈。我回到家并没有等来一顿打。她离开帝国化学工业有限公司后，就失去了奖学金，而私立学校的学杂费就成了一笔负担。但更重要的是，她认为学校反应过度了。事实上，她可能经常站在我一边反对玛丽韦尔学院。关于圣餐的事，她百分之百同意我的观点。"我直说了吧，"她对校长说，"就因为他想要耶稣的身体和耶稣的血，你就惩罚一个小孩？他为什么不能拥有这些东西？他当然应该拥有它们。"当他们因为我在挨校长的打的时候大笑不止而要求我去看心理治疗师时，她也跟校方反映说这太荒谬了。

"嗯，你显然不知道怎么打小孩。那是你的问题，不是我的。跟你说，我打特雷弗的时候，他可从来不会笑。"

这就是我妈妈的神奇之处。如果她跟我一样认为某个规定很蠢，就不会因为我违反它而惩罚我。她和心理学家一致认为，有问题的是学校，而不是我。天主教学校不是让人发挥创造力和展现独立性的地方。

天主教学校与种族隔离制度的相似之处在于，两者同样残酷专制，其权威建立在一堆毫无意义的规则之上。我妈妈伴随着这些规则长大，而她也质疑这些规则。当它们经不起考验时，她就直接绕过它们。我妈妈唯一承认的权威是上帝的权威。上帝是爱，《圣经》是真理——其他一切都有待讨论。她教我挑战权威，质疑体制。唯一事与愿违的是，我同时还不断挑战和质疑她。

我7岁的时候，我妈妈已经跟新男朋友亚伯交往了差不多一年时间，但当时我还太小，搞不清他们之间的关系。在我眼里，他们之间的关系就是："嘿，那是妈妈的朋友，总是出现在她身边。"

当时身为黑人，如果你想住在郊区，就得找一户白人家庭，租他们的用人房或车库住，亚伯就是这么做的。他住在橘子园街区一户白人家庭的车库里，他把车库改造成了村舍模样，添置了轻便电炉和床。他有时候会来我家过夜，有时候则是我们去他那儿过夜。在我们有自己的房子的情况下还去睡车库，并不是什么明智的选择，但橘子园离我学校和妈妈公司都很近，所以也还是有点好处。

这户白人家庭也有一个黑人女佣，她住在后院的用人房里，我们在车库过夜的时候，我还会跟她的儿子一起玩。那个年纪的我对火简直是全情投入。一天下午，包括我妈妈、亚伯和白人家庭在内的所有人都在工作，那个男孩的妈妈也在打扫房间，而我就和他一起玩。那时候我爱做的一件事是用放大镜在木片上烧出我的名字。你必须调整好镜片，对准焦点，然后才能得到灼痕、字母和图形。我对此十分着迷。

那天下午，我教那个小男孩怎么在木片上烧名字。我们当时待在用人房，它更像一个在房子后面加盖的工具房，堆满了木梯、一桶桶旧油漆和松节油。我随身带着一盒火柴，这是我常用的生火工具。地板上放着一个他们用来睡觉的旧床垫——基本上就是一个塞满稻草的麻袋，我们就坐在那上面。阳光透过窗户照射进来，我正在教那个孩子如何把他的名字烧到一块胶合板上。

中途我们想休息一下，去吃点零食。我随手把放大镜和火柴放在床垫上就离开了。几分钟后我们回来的时候，发现小屋的一扇门从里面自动锁上了。如果我们不去找她妈妈帮忙，就没法回去，于是我们决定去院子里玩。过了一会儿，我注意到有烟从窗框的缝隙里冒出来。我跑过去朝里看。我看到稻草填起来的床垫中间有一小团火，那正是我放火柴和放大镜的地方。我们赶紧跑去找那个男孩的妈妈。她来到小屋外，但也不知道该怎么办。门从里面锁上了,我们还没想出怎么进小屋的时候,整个屋子里的东西都烧了起来——床垫、梯子、油漆、松节油,所有这些东西全着火了。

火势迅速蔓延。屋顶很快烧起来,然后又从那儿蔓延到主屋,整个房子都在燃烧。浓烟滚滚,直冲天际。一个邻居打电话给消防队,他们迅速出发。我跟那个男孩和他的妈妈一起跑到马路上,看消防员救火,但这时候已经太迟了。火被扑灭的时候,除了一个烧焦的砖头和水泥筑成的空壳,什么也没剩下,屋顶烧没了,房子里的东西也全被烧光了。

白人一家赶回来,站在街上,盯着被烧焦的废墟。他们问女佣发生了什么事,她问她的儿子,而那个小男孩彻底把我供了出来。"特雷弗有火柴。"他说道。白人一家没对我说什么。我觉得他们也不知道该说些什么。他们已经吓蒙了。他们既没有报警,也没有威胁要告上法院。他们要做什么?以纵火罪逮捕一个7岁的孩子?我们太穷了,起诉我们得不到任何东西。而且,他们上了保险。于是,整件事就这么结束了。

他们把亚伯赶出了车库,但我觉得这很可笑,因为车库是独立的,它是整栋房子中唯一没有被烧毁的部分。没有理由叫亚伯离开,但他们还是把他赶走了。我们帮他收拾行李,把东西放进我们的车里,然后开回伊甸公园,从那时候开始,亚伯基本上就一直跟我们生活在一起。他和我妈妈大吵一架。"你儿子把我的人生给烧了!"但那天我并没有受到惩罚。我妈妈过于震惊,没顾上罚我。儿子过分的淘气,然后是白人的房子被烧掉了。她不知道该怎么办。

而我一点也不感到愧疚。直到现在也没有愧疚之意。我心中的律师告诉我,我完全是无辜的。那里有火柴,有放大镜,有床垫,显而易见,自然会发生一系列不幸的事。有些东西有时候就是会莫名其妙着火。所以才要有消防队。可是家里的每个人都会告诉你:"特雷弗烧掉了一栋房子。"如果说之前大家只是觉得我很淘气,火灾过后,我可谓是声名狼藉了。我的一个舅舅不再叫我特雷弗。他开始叫我"特雷"[1]。

直到今天,我的表哥姆隆吉西都不明白,像我这么一个淘气的孩子是如何活到现在的,我是怎么扛过了那么多顿毒打的。我为什么一直不守规矩?我怎么总是记不住教训?我的表兄弟们都是超级乖孩子。姆隆吉西一辈子可能只挨过一次打。那一次之后,他说他再也不想经历同样的

---

[1] 英文为 Terror,有恐怖、可怕的人的意思。

事情，从那一天开始，他做事就一直循规蹈矩。但我从妈妈那里继承了另一个特质：忘记生活中的痛苦的能力。我会记住带来创伤的东西，但不会沉溺在创伤之中。我绝不会让痛苦的记忆阻止我尝试新事物。如果你过于在乎你妈妈给你的那顿打，或是生活对你的鞭打，你就会停止突破自我。比较好的做法是，接受它，哭一会儿，然后第二天醒来就继续前进。你身上会留下一些伤痕，他们会提醒你发生过什么，这没什么关系。过不了几天，这些伤痕就会消退，而且它们消退是有原因的——因为现在是时候再次打破陈规了。

*　*　*

我生长在一个黑人国家的黑人街区的黑人家庭。我去过黑人大陆的其他黑人国家的黑人城市。在那段游历期间，我没发现哪个地方的黑人喜欢猫。其中一个最大的原因是，据悉在南非，只有女巫才养猫，而所有猫都是女巫。

几年前，在奥兰多海盗队的足球比赛中发生过一起著名事件。当时比赛进行到一半，一只猫跑进了球场，它穿过观众席，跑进绿茵赛场。一名保安看到这只猫，然后做了任何明智的黑人都会做的事。他抓住这只猫，然后用"sjambok"——即硬皮鞭子——把它活活打死了，而这一切都在电视上直播了出来。

这一事件成为举国皆知的头条新闻。白人为此暴跳如雷。这名保安被逮捕，受到审判，最后被判虐待动物罪。为逃过几个月的牢狱之灾，他不得不支付一笔巨额罚款。这件事让我感到讽刺的地方在于，这么多年来，白人一直在电视上看黑人被其他白人毒打致死的画面，最后却只是因为一段黑人杀猫的直播而忍无可忍。黑人对此感到十分困惑。对于那个男人的行为,他们觉得没有任何不妥之处。"那只猫明显是个女巫。不然那只猫怎么知道如何穿过人群跑到球场上去?有人想利用它给某个球员带来厄运。那个男人必须杀掉猫。他在保护球员。"

在南非,黑人养狗。

* * *

7 芙菲

据我所知，几乎每户黑人家庭都养狗。再穷的家庭都会有只狗。白人对待狗就像对待小孩或家人。黑人的狗更多是用来看家护院，相当于穷人的报警系统。你买只狗，然后就把它放在院子里。黑人会根据狗的特点给它取名。如果狗身上有条纹，就叫它"老虎"。如果它很凶，就叫它"危险"。如果它身上有斑点，就叫它"阿斑"。由于狗的特点有限，几乎每个人的狗都会取到相同的名字，人们只是循环使用这些名字。

我们在索韦托一直没养狗。后来有一天，我妈妈公司的一个女同事给了我们两只小狗。它们是计划外的产物。这位女士养的马耳他贵宾犬意外被邻居家的斗牛梗弄大了肚子，这真是个奇怪的杂交组合。我妈妈说她两只狗都要。

她把它们带回伊甸公园,我高兴坏了。

我妈妈给她们取名"芙菲"和"小豹"。我不知道她为什么要给其中一只取名"芙菲"。"小豹"鼻头是粉色的,所以她是一只"粉红豹",后来就简化成了"小豹"。这两姐妹之间爱恨交加。她们会互相照顾,但也经常打架。打起来的时候真是毫不留情。撕咬、抓挠,什么手段都用上。她们之间的关系奇怪又可怕。

小豹是我妈妈的狗,芙菲是我的。芙菲长得很漂亮。身形利落,总是一副开心的模样。除了因为混合了马耳他贵宾犬的基因而略显苗条,她看起来简直是只完美的斗牛梗。小豹的杂交特征更加明显,她的样子有点奇怪,看起来乱七八糟的。小豹很聪明。芙菲则有点笨。至少我们一直觉得她有点笨。无论我们什么时候叫她们,小豹会立即跑过来,芙菲则一动不动。小豹还会跑回去带芙菲一起过来。后来我们才发现,芙菲听不见。几年后,一个小偷想要闯进我们家,芙菲因此丢了性命。当时他推倒我们的门,门砸到芙菲背上,砸坏了她的脊柱。我们带她去看兽医,结果是必须要结束她的生命。兽医给她做完检查后,过来告诉我们这个不幸的消息。

"一直跟一只听不见的狗一起生活,感觉一定挺奇怪的吧。"他说道。

"什么？"

"你们不知道你们的狗听不见？"

"不知道，我们以为她就是有点笨。"

直到这时我们才知道，一直以来，一只狗总是在用某种方式告诉另一只狗应该做什么。听力没问题的聪明的狗帮助着那只听不见的笨狗。

芙菲是我一生的挚爱。她很漂亮，但也有点笨。我负责给她喂食。我训练她上厕所。她会睡在我床上。狗是孩子能拥有的超级美好的事物。它们就像是有感情的自行车。

芙菲会玩各种小把戏。她能跳很高。我的意思是，芙菲真的很能跳。当我把食物举过头顶，她可以高高跃起，一口叼走食物，如探囊取物一般。如果那时候就有视频分享网站，芙菲早就成明星了。

芙菲也有点小聪明。白天我们把狗关在后院，后院的围墙至少有 1.5 米高。过了一段时间，每天我们回家的时候，芙菲就会坐在门口等我们。我们对此一直大惑不解。有人把门打开了？到底怎么回事？我们从没想过，芙菲真的能爬上 1.5 米高的墙，而事实的确如此。每天早上，芙菲等我们离开后，就跳过围墙，在附近到处溜达。

有一次我放假在家，亲眼看见了她翻墙。当时我妈妈已经去上班，我待在起居室。芙菲不知道我在家，她以为我也走了,因为家里的车开走了。我听见小豹在后院狂吠,于是看向院子,结果就看到了芙菲,她正在翻墙。只见她一跃而起,又蹦跶了几下,翻上墙头,然后就不见了。

我不敢相信会发生这样的事情。我从前门跑出去,顺手抓过自行车骑上,跟在她后面看她要去哪儿。她走了很长一段路,穿过好几条街,来到了街区的另一片地方。然后只见她来到另一栋房子前,跃过围墙,进了这户人家的后院。她到底在干什么?我走到这家门口,按下门铃。一个有色人种小孩来开门。

"有什么能帮你的吗?"他说道。

"嗯。我的狗在你家院子里。"

"什么?"

"我的狗。她在你家院子里。"

这时,芙菲走了过来,站在我俩中间。"芙菲,过来!"我说道,"我们走!"

这个孩子看着芙菲,喊出了另一个名字。

"阿斑,回屋里去。"

"哇哦,哇哦,"我说道,"阿斑?那是芙菲!"

"不,那是我的狗阿斑。"

"不,那是芙菲,我的朋友。"

"不,这是阿斑。"

"她怎么会是阿斑?她身上都没有斑点。你根本不知道自己在说些什么。"

"这就是阿斑!"

"芙菲!"

"阿斑!"

"芙菲!"

当然,因为芙菲听不见,她对"阿斑"或"芙菲"都没有任何反应。她只是站在那儿。我开始朝那个小孩大喊大叫起来。

"把我的狗还给我!"

"我不知道你是谁,"他说道,"可你最好离开这儿。"

然后他走进房子,把他的妈妈叫了出来。

"你想要什么?"她说道。

"那是我的狗!"

"这是我们的狗。请离开。"

我开始大哭。"你们为什么要偷我的狗?!"我转头看向芙菲,哀求道:"芙菲,你为什么要这么对我?!为什么,芙菲?!为什么?!"我呼唤她。我哀求她过来。可是芙菲对我的苦苦哀求充耳不闻。她对其他事也是这种态度。

我跳上自行车,疾驰回家,眼泪一直哗哗地流。我那么爱芙菲。我把她养大，跟她一起度过那么多个夜晚，这时看到她跟另一个男孩在一起，表现出一副完全不认识我的样子，我的心碎了。

那天晚上芙菲没有回家。因为那家人觉得我会回去偷走他们的狗，于是决定把她关在屋里，她也就不能像往常一样回来，在围墙外面等着我们。我妈妈下班回来的时候，我还是泪流满面。我告诉她芙菲被绑架了。我们又去到那户人家。我妈妈按了门铃，跟那位妈妈展开正面较量。

"你看，这是我们的狗。"

这位女士当着我妈妈的面撒起了谎："这不是你们的狗。这只狗是我们花钱买的。"

"你们没有花钱买这只狗。她是我们的狗。"

她们针锋相对。这个女人丝毫不退让，于是我们回家去拿证据：我们跟狗狗们拍的照，还有兽医开具的证明。我一直在哭，我妈妈再也忍不下去了。"别哭了！我们会拿回狗！冷静点！"

我们带着所有文件回到那户人家。作为证据之一，这一次我们还带上了小豹。我妈妈给这位女士看了照片和兽医的文件。她还是不愿意把芙菲还给我们。我妈妈威胁要报警。事情眼看着要闹大了。最后我妈妈说道："好，我给你 100 兰特。"

"好。"那位女士应道。

我妈妈给了她钱,她把芙菲带了出来。那个以为芙菲是阿斑的男孩眼睁睁地看着他的妈妈把"他的"狗卖掉了。他开始哭闹起来。"阿斑!不!妈妈,你不能卖掉阿斑!"我才不管这些。我只想芙菲回来。

芙菲一看到小豹就过来了。我们带着两只狗一起离开。回家的路上我一直在抽泣,仍然伤心不已。我妈妈没工夫听我哭哭啼啼。

"你哭什么?"

"因为芙菲喜欢上另一个男孩。"

"就这样?这有哪里伤害到了你?你又没有什么损失。芙菲回来了。她还爱着你。她还是你的狗。别再想着这事了。"

芙菲第一次让我尝到了心碎的滋味。没人像芙菲这样背叛过我。我上了宝贵的一课。难点在于我要理解芙菲没有欺骗我,喜欢上另一个男孩。她只是在过她的充实狗生。在我不知道她白天会自己跑出去的时候,她的其他感情生活对我完全没影响。芙菲并没有恶意。

我相信芙菲是我的狗,但这当然不是真的。芙菲是只狗。我是个男孩。我们相处融洽。她只是碰巧住在我家。这段经历塑造了我对人与人或人与物之间关系的看法:你并不拥有你爱的人或物。

* * *

我 24 岁那年,一天,我妈妈突然对我说:"你得去找你爸爸。"

"为什么?"我问道。那时候,我已经有十几年没见过他,而且觉得再也不会见到他。

"因为他是你人生的一部分,"她说道,"如果你不去找他,你就没法找到你自己。"

"我不需要他也能找到我自己,"我说道,"我知道我是谁。"

"这跟知道你是谁没关系。得让他知道你是谁,而你也认识一下他是谁。太多人在没有爸爸的环境中长大成人,因此,他们一生都对他们的爸爸和爸爸应该是什么样的有着错误的印象。你得去找你爸爸。你得让他看看你长成了什么样。你得给这个故事画上句号。"

* * *

8 罗伯特

我爸爸完全是个谜。关于他的人生有太多问题,我至今仍无法给出准确答案。

他在哪里长大?瑞士某地。

他在哪上的大学?我不知道他是不是上过大学。

他怎么会来南非?我一无所知。

我从没见过我的瑞士祖父母。我不知道他们叫什么,也不知道关于他们的任何事情。我的确知道爸爸有个姐姐,但也从没见过她。我知道他在20世纪70年代来南非之前,曾在蒙特利尔和纽约做过一段时间厨师。我还知道他曾在一家工业食品服务公司工作过,他还在一些地方开过酒吧和餐馆。关于他,我知道的就只有这些。

我从没叫过他"爸爸"。我写信的时候也从没称呼过他"爸爸"或"父亲"。我被告知不要这么叫他。如果我们去公共场合，或是有人能听到我们说话的地方，而我叫了他"爸爸"，有人可能会过来问东问西，或是叫来警察。所以，从我记事起，就一直叫他罗伯特。

虽然我对我爸爸在我出生之前的生活一无所知，但通过我妈妈以及我能跟他待在一起的有限时光，我还是了解了他是怎样一个人。他是典型的瑞士人，爱干净，为人挑剔，一丝不苟。他是我认识的唯一一个在离开酒店时，把房间弄得比入住时还要干净的人。他不喜欢任何人服侍他。他的家里没有用人，也没有管家。他自己打扫卫生。他喜欢独享自己的空间。他生活在自己的世界里，凡事亲力亲为。

我知道他从没结过婚。他曾说过，大多数人结婚是因为他们想要控制另一个人，而他从来都不想被谁控制。我还知道他喜欢旅行，喜欢娱乐，喜欢聚会。但他同时十分看重隐私。无论住在哪里，他都不会让自己的信息出现在电话簿上。我敢肯定，如果不是他这么注重隐私，我爸妈在一起的时候可能早就被抓了。我妈妈野性十足，容易冲动。我爸爸沉默内敛，极具理性。她是火，他则是冰。他们因为性格对立而彼此吸引，而我身上则混合了他们两人的特性。

我很了解我爸爸的一点是,他极度痛恨种族主义和种族同质,而且他之所以如此痛恨它们,并不是出于伪善或道德优越感。他就是不理解南非的白人为什么会是种族主义者。"非洲全都是黑人,"他会这么说,"所以,如果你憎恨黑人,为什么要跑到非洲来呢?如果你那么憎恨黑人,为什么要搬到他们的房子里去呢?"在他看来,这简直不可理喻。

爸爸一直认为种族主义不合理,所以他从来都不认同任何种族隔离制度。在20世纪80年代早期我还没有出生的时候,他在约翰内斯堡开了一家牛排店,那是约翰内斯堡最早的融合餐馆之一。他申请了特别许可证,使得餐馆可以同时招待黑人和白人。之所以存在这样的许可证,是因为酒店和餐馆需要持有这种东西,才能接待黑人旅行者和其他国家的外交人员,理论上,南非黑人所受的种种限制不适用于这些人。而有钱的南非黑人利用这一政策漏洞,频频光顾这些酒店和餐馆。

我爸爸的餐馆很快大获成功。黑人来这里是因为当时可供他们用餐的高档餐馆很少,而他们又想去高档餐馆体验一下,见识一番。而白人来这里是因为他们想知道跟黑人坐在一起是什么感觉。白人会坐着看黑人用餐,黑人用餐之余也会回看那些看他们用餐的白人。两个不同种族的人对于双方待在一起的好奇心，压倒了让双方隔离的敌意。餐馆的氛围十分微妙。

餐馆最后因为住在附近的人的投诉而关门。他们提交了请愿书，政府开始想办法让我爸爸关掉餐馆。一开始是检查人员找上门，看他是不是违反了卫生和健康法规。他们显然没听说过瑞士人在这方面的名声。这一次他们输得很惨。接下来，他们决定随意对他增加额外的限制，全面针对他。

他们振振有词："既然你有许可证，就可以继续营业。但是，你必须为不同种族设置独立的厕所。你的餐馆得有白人厕所、黑人厕所、有色人种厕所和印度人厕所。"

"可这样一来，整个餐馆除了厕所就没别的了。"

"呃，如果你不想这么做，那你的另一个选择就是开一家正常的餐馆，只招待白人。"

于是，他关停餐馆。

种族隔离制度废除后，我爸爸从希尔布罗搬去了约维尔，那里本来是一片安静的居民区，后来变成了黑人、白人和其他种族混居的充满活力的大熔炉。来自尼日利亚、加纳和非洲大陆其他地方的移民蜂拥而至，带来了不同的食物和热力四射的音乐。洛基街是那里的主要街道，两旁到处都是街头小贩、餐馆和酒吧。各种文化汇集于此，蓬勃发展。

我爸爸住在约尔街，距离洛基街两个街区，他住的地方旁边有个很棒的公园，我很喜欢去那里，因为不同种族和国家的孩子都会在那里嬉戏玩耍。我爸爸的房子很简单。看上去很漂亮，但并不奢华。我觉得我爸爸有足够的钱过舒适的生活和旅行，但他从不大手大脚花钱买东西。他十分节俭，是那种一辆车开20年的人。

我和我爸爸有规律地见面。我每周日下午去看他。尽管种族隔离已经结束，我妈妈还是做出决定：她不想结婚。所以，我们住我们自己的房子，他住他的房子。我和我妈妈达成协议，如果我早上跟她一起去了混合教堂和白人教堂，就可以不去黑人教堂，而是去我爸爸那里，跟他一起看一级方程式赛车。

我每年都跟爸爸一起庆祝我的生日，我们还一起过圣诞节。我喜欢跟爸爸一起过圣诞节，因为他会以欧洲人的方式庆祝圣诞节。而欧洲式圣诞节是最棒的圣诞节。我爸爸会为此全力以赴。他会准备圣诞彩灯和圣诞树。他还会在壁炉周围装饰假雪、雪花玻璃球和圣诞袜，同时还准备许多圣诞老人送来的包装精美的礼物。非洲人过圣诞节则实际得多。我们先去教堂，然后回家，美餐一顿，一般会吃可口的肉类以及许多蛋奶冻和果冻。但我们不会准备圣诞树。你会得到礼物，但通常只是一套新衣服。你或许还能得到一个玩具，但它不会被包裹好，也绝不会是圣诞老人送来的。在非洲说到圣诞节，围绕圣诞老人的问题都颇具争议，这是个有关自尊心的问题。当非洲爸爸给孩子买礼物的时候，他可不愿把功劳归于某个白胖男人。非洲爸爸会直接告诉你："不，不，不。这是我买给你的。"

除了生日和特殊场合之外，我和爸爸只能共同度过周日的下午。他会给我做饭。他会问我想吃什么，而我总是会点同一道德国菜：煎土豆丝饼，就是用土豆和肉做的煎饼，再浇上一点肉汁。我会点这个，再来一瓶雪碧，甜点则是用塑料盒装的焦糖蛋奶冻。我和爸爸待在一起的下午基本都是在沉默中度过。爸爸不怎么说话。他关心我，尽心尽力，无微不至，总是会给我生日贺卡，总是在我去探望他的时候，给我做我喜欢的食物，送我喜欢的玩具。但他又像是一本合上的书。我们会谈论他做的食物，或是一起看的一级方程式赛车。他不时会提到一点过去的生活，比如他去过的某个地方或是他的牛排店。但也就只有这么一点点。跟爸爸待在一起就像看网络电视剧。我每次都能得到几分钟的信息，但仅限于这么几分钟，然后就得再等一周接收新的信息。

我13岁的时候,爸爸搬去了开普敦,我们从此失去联系。我们因为各种原因失联了一段时间。我已经是少年了。我现在要应付一个完全不一样的世界。对我来说,电子游戏和电脑比跟父母待在一起更重要。而且,我妈妈跟亚伯结了婚。妈妈还想跟以前的爱人保持联系的想法让他很生气,而她认为避免挑战他的底线,能让所有相关的人更安全。于是,我探望爸爸的时间从每个周日变成了每隔一周的周日,有时候是每个月一次,只要我妈妈能把我偷偷带过去,就像她之前住在希尔布罗时那样。我们的生活摆脱了种族隔离的阴影,却又陷入了一个暴虐的酒鬼的专制统治。

与此同时,白人的逃离、忽视和普遍的衰退给约维尔地区带来灾难。爸爸的大部分德国朋友搬去了开普敦。除了要见我,他没有理由继续留下来,于是他选择离开。他的离开并没有造成什么伤害,因为我并不觉得这会让我们失去联系,再也见不到对方。我脑海中只是这么想:爸爸要搬去开普敦一段时间。没什么大不了。

然后,他就走了。我忙着过我的生活,熬过高中,熬过20出头的日子,成为一名喜剧演员。我的事业迅速起飞。我得到了一份电台唱片骑师(DJ)的工作,并在电视上主持了一档儿童冒险真人秀节目。我是全国各地俱乐部的主角。但即使我的生活一直在向前发展,关于我爸爸的问题却总是不时浮现在我的脑海中。我想知道他在哪里。他想过我吗?他知道我在做什么吗?他为我骄傲吗?如果父母缺席了你的生活,你就会变得茫然不知所措,很容易用消极的想法填补空白。他们不关心我。他们很自私。我唯一感到慰藉的是,我妈妈从没有说过他的坏话。她总是称赞他。"你善于理财。这点遗传自你爸爸。""你笑起来跟你爸爸一样。""你跟你爸爸一样喜欢干净整洁。"我从来没有因为爸爸的缺席而心生怨恨,因为妈妈让我相信,他的缺席是因为环境原因,而不是因为他不爱我。她总是跟我讲她从医院回家后的情形,当时爸爸对她说:"我的孩子在哪?我希望我的生活中有那个孩子。"她会对我说:"永远不要忘记:他选择了你。"最终,在我 24 岁的时候,妈妈又让我去找他。

因为我爸爸很注重隐私,想要找到他不容易。我们没有他现在的住址。他的信息也没登在电话簿上。我先试着联系了他的一些老朋友,住在约翰内斯堡的德国侨民,以及曾经跟他的一个朋友约会过的女人,他的这个朋友知道他最后的住址。然而我一无所获。最后,我妈妈建议我联系瑞士大使馆。"他们一定知道他在哪儿,"她说,"因为他必须要跟他们保持联系。"

我给瑞士大使馆写信，问他们我爸爸在哪儿，可是因为我爸爸的信息没有出现在我的出生证明上，我没法证明我爸爸就是我爸爸。大使馆给我回了信，说他们不能告诉我任何信息，因为他们不知道我是谁。我还给他们打了电话，但也只得到一些推诿之词。"你看，孩子，"他们说，"我们不能帮你。我们是瑞士大使馆。你对瑞士人没有一点了解吗？谨慎是我们的天性。我们只是在做我们应该做的。你不太走运。"我一直缠着他们不放，他们终于松了口："好吧，我们会收下你的信，如果你描述的那个男人真的存在，我们可能会把你的信转交给他。如果他不存在，我们可能就不会转交。让我们看看结果如何吧。"

几个月后，我收到一封信："很高兴收到你的信。你好吗？爱你，爸爸。"他给了我他在开普敦的住址，他住在一个叫坎普斯湾的街区，又过了几个月，我启程去看望他。

我永远不会忘记那一天。那可能是我生命中最不可思议的一天，去见一个我认识但又可以说是完全不认识的人。我对他的记忆已经变得十分模糊。我努力回忆他说话的样子，大笑的模样，以及他的脾气习惯。我把车停在他家所在的那条街上，开始找他的家。坎普斯湾住的都是一些上了年纪的半退休的白人，当我走在路上的时候，迎面走来的都是这些上了年纪的白人,他们跟我擦肩而过。我爸爸那时候快 70 岁了,我很怕自己已经忘记他长什么样。对于每一个与我擦身而过的上了年纪的白人,我都会认真打量他们的脸。最后,我终于走到他给我的地址,我按响门铃,我爸爸一开门我就认出了他。

我们顺利地开始重续父子情,他就像对待当年那个 13 岁的男孩一样对待现在的我。我爸爸自然而然地拾起以往的习惯。"好了!我们该干什么了?我准备了所有你爱吃的东西。煎土豆丝饼。一瓶雪碧。焦糖蛋奶冻。"幸运的是,我的口味并没有进化太多,我立刻大口吃起来。

我吃饭的时候,他站起来去拿了一本超大相册放在桌上。"我一直在关注你。"他一边说,一边打开相册。这是一本剪贴簿,记录的是我做过的每一件事情:报纸上每一篇提到我名字的文章,每一张有我出镜的杂志封面,甚至连最微不足道的俱乐部名单都有——从我职业生涯最开始一直到这周的所有事情。他脸上露出大大的笑,带着我浏览了一遍头条。特雷弗·诺亚本周六将在蓝房子登台表演。特雷弗·诺亚主持新的电视节目。

我顿觉心潮澎湃。我努力克制着不让自己哭出来。这种感觉就像是我生命中跨越十年的这道鸿沟一瞬间突然消失了,就好像距离我上一次见他只过去了一天一样。这么多年来，我遇到过很多令人心烦意乱的麻烦。但他一直和我在一起。他一直以为我荣。环境让我们分离，但他一直都是我的爸爸。

那天，当我走出他的房子时，我觉得自己好像又长高了一英寸。见到他，让我更坚信是他选择了我。他选择了让我存在于他的生命中。他选择了给我回信。我是被需要的。你能给另一个人的最好的礼物就是选择他/她。

第二部分

* * *

300多年前,当荷兰殖民者在非洲南端登陆时,遇到了一个叫作科伊桑的土著民族。科伊桑人相当于南非的"美洲土著",他们是遗失的布须曼人族的一支,是以狩猎、采集为生的游牧民族,他们与后来向南迁移发展为祖鲁、科萨和索托等现代南非民族的人截然不同,后者肤色更深,都说班图语。白人殖民者在开普敦及其周边定居时,与科伊桑女性有了交集,诞生了第一批南非混血儿。

殖民者的农场需要大量劳动力,他们很快从荷兰帝国的各个角落运来大批奴隶,这些地方包括西非、马达加斯加和东印度群岛等。这些奴隶和科伊桑人通婚,白人殖民者也继续享受其自由特权,随着时间的流逝,科伊桑人几乎从南非消失了。大多数科伊桑人都死于疾病、饥荒和战争,剩余的则与白人、奴隶混合繁衍,形成了一个全新的种族:有色人种。有色人种完全是混血产物。有的有色人种肤色较浅,有的深一些。有的有色人种拥有亚洲人的特征，有的拥有白人特征，有的则拥有黑人特征。一个有色人种的男性和一个有色人种的女性所生的孩子长得跟父母双方任何一个都不像并非什么稀罕事。

有色人种背负的诅咒就是，他们没有明确的可供追溯的遗传历史。如果他们一直往上追溯其血统，会发现在某一点上，他们的血统就分散成了由白人、当地原住民和"其他人"交织而成的一张网。由于他们身为当地原住民的母亲一系已经消失，与他们联系最紧密的一直是被称为阿非利卡人的白人父亲一系。大多数有色人种不会说非洲语言。他们说南非语。他们的宗教、制度以及塑造其文化的所有东西都来自阿非利卡人。

从这个角度来说，南非有色人种的历史比南非黑人还要糟糕。尽管黑人遭受了种种苦难，但他们知道自己是谁。有色人种却不知道自己是谁。

* * *

9　桑葚树

我们在伊甸公园住的那条街的尽头,一拐弯就能看到一棵巨大的桑葚树,这棵树从一户人家的前院伸展出来。每年它结果的时候,附近的小孩都会去摘浆果,不仅要当场尽力吃够,还要装满袋子扛回家。他们会在树下一起玩耍。而我只能自己一个人在树下玩。我在伊甸公园没有一个朋友。

无论我们住在哪里,我都是个异类。在希尔布罗,我们住在白人聚居区,没有其他小孩长得跟我一样。在索韦托,我们住在黑人居住区,也没人跟我长得一样。伊甸公园是有色人种聚居区。在伊甸公园,每个人都长得跟我一样,可是,我们之间的差异却比在其他任何地方都大。这是我所遭受过的最大的精神打击。

在我的成长过程中，我所感受到的来自有色人种的敌意，是我所经历过的最难处理的事情之一。这种经历让我明白，与身为局内人却要成为局外人相比，身为局外人而努力成为局内人要容易得多。如果一个白人酷爱嘻哈文化，只跟黑人混在一起，黑人会说："酷，白人家伙。做你需要做的事。"如果一个黑人选择抛开黑人身份，住在白人聚居的地方，经常打打高尔夫球，白人会说："好吧。我喜欢布莱恩。他很安全。"但不妨想一想，如果你是个沉浸在白人文化中的黑人，却仍然住在黑人社区会怎么样。再想想看，如果你是个沉迷于黑人文化的白人，却仍然住在白人社区会怎么样。你无法想象你将面对怎样铺天盖地的仇恨、嘲笑和排斥。如果人们把你看作一个试图融入他们世界的局外人，他们将会愿意接受你。但当他们把你看作是一个试图否认民族的存在的本族成员，他们绝不会原谅你。这就是我在伊甸公园所面对的情况。

我是混血儿，但不是有色人种——从肤色上来说，我是有色人种，但从文化上而言不是。正因为如此，我被看作是不想当有色人种人的有色人种人。

在伊甸公园，我遇到了两种有色人种人。有些有色人种人因为我的黑人特征而憎恨我。我的头发是卷的，我为我的非洲式发型感到骄傲。我说非洲语言,而且喜欢说这些语言。人们听到我说科萨语或祖鲁语时会问:"Wat is jy? 'n Boesman?",即"你是什么人?布须曼人吗?""你为什么想做黑人?你为什么要说那种咔嗒咔嗒的语言?看看你的浅色皮肤。你差不多就是白人了,而你却放弃当白人。

其他有色人种人则因为我的白人特征而憎恨我。尽管我自认为是黑人,我却有个白人爸爸。我上英语私立学校。我在教堂学会了与白人相处。我能说一口流利的英语,却几乎不会说有色人种人应该说的南非语。因此,有色人种人认为我自以为比他们优秀。

即使是在我觉得别人喜欢我的时候,事实也并非如此。有一年暑假,我得到了一辆崭新的自行车。我和表哥姆隆吉西轮流在街边骑车玩。我正沿着街边骑行,一个可爱的有色人种女孩走过来拦住了我。她微笑着冲我招手。

"嘿,"她说道,"我能骑一下你的自行车吗?"

我完全惊呆了。噢,哇,我心想,我要交到朋友了。

"好的,当然可以。"我答道。

我下了车,她骑上车,骑了大约有六七米的距离。这时,有个年龄稍微大点的孩子跑了过来,她停下来,下了车,那个孩子则爬了上去,把车骑走了。我很高兴有个女孩跟我说话。我一路蹦蹦跳跳地笑着跑回了家。我表哥问我自行车哪去了。我把当时的情况告诉了他。

"特雷弗,你被抢劫了,"他说,"你为什么不去追他们?"

"我以为他们很友好。我以为我交到朋友了。"

姆隆吉西比我大,是我的保护神。他跑出去找那些孩子,大约半小时后,他带着我的自行车回来了。

这样的事情时常发生。我总是被欺负。桑葚树下的那次意外可能是最糟糕的一次。一天下午晚些时候,我像往常一样一个人在家附近玩。五六个有色人种男孩正在桑葚树上摘桑葚吃。我走过去,开始摘一些浆果带回家吃。那些男孩比我大几岁,十二三岁的年纪。他们不跟我说话,我也不跟他们说话。他们彼此之间用南非语交流着,我能听懂他们在说什么。然后这群孩子的头目走了过来,用南非语对我说:"我能看看你的桑葚吗?"我的第一反应又是:噢,酷。我要交到朋友了。我抬起手,给他看我摘的桑葚。他却把我手中的桑葚打落在地,脚狠狠地踩了上去。其他孩子开始大笑起来。我站在那儿,看了他一会儿。那时我的脸皮已经很厚了。我已经习惯被欺负。我若无其事地耸耸肩,又回去继续摘桑葚。

他显然没有得到他想要的反应,于是开始咒骂我。我不理睬他，继续摘桑葚。然后，我就感到后脑勺上"啪"的一声响。他用桑葚砸我。我并没觉得很痛，只是有点吃惊。我转身看着他，"啪"，他又砸了过来，正砸在我的脸上。

然后，我还没来得及做出反应，所有孩子开始用桑葚砸我。有的桑葚还没有熟，砸在我身上就像小石子砸过来那么痛。我试着用手捂住脸，可是四面八方都有炮火向我袭来。那些孩子们笑着砸我、骂我："丛林人！布须曼人！"我吓坏了。一切发生得太突然了，我不知道该怎么办。我开始哭，然后跑开了。我拼命逃跑，一路跑回了家。

当我跑进屋时，妈妈惊恐地看着我。

"发生什么事了？"

我抽抽噎噎地把整件事告诉了她。可我刚说完，她就大笑起来。"这一点也不好笑！"我抗议道。

"不，不，特雷弗，"她说道，"我笑不是因为这好笑。我笑是因为松了口气。我以为你被狠狠揍了一顿。我以为你浑身都是血。我笑是因为我知道了你身上的只是桑葚汁。想想好的一面吧。"她指着我糊满了深色桑葚汁的半边身体说道，"现在你真的是半黑半白了。"

"这一点也不好笑！"

"特雷弗，你没事，"她说道，"去洗洗吧。你没有受伤。你感情上受到了伤害。但你的身体没受伤。"

半小时后,亚伯现身了。那时候亚伯还是我妈妈的男朋友。他没想当我的爸爸或是继父。他更像一个老大哥。我不是很了解他,但有一件事我很清楚,那就是他脾气不好。如果他愿意,他能表现得非常讨人喜欢,非常风趣幽默,但他也能变得很刻薄。他在黑人家园长大,在那里你必须为了生存而战。亚伯身高大约有1.9米,又高又瘦。我知道他很危险。我见识过。有人开车在路上挡了我们的道时,亚伯会冲窗外大喊大叫。对方会大按喇叭,并且吼回来。亚伯眨眼间就会冲下车,跑到他们车旁,隔着驾驶座窗户拎起那个家伙,一边冲他大喊大叫,一边举起拳头。你会看到对方瑟瑟发抖。

那天晚上亚伯回到家,坐在沙发上,看到我在哭。

"发生了什么事?"他问道。

我开始解释发生的事情。我妈妈打断了我。"别告诉他。"她说道。她知道一旦告诉他发生了什么,会有什么后果。她比我更了解他。

"别告诉我什么?"亚伯说道。

"没什么。"她答道。

"没什么。"我说道。

她瞪了我一眼。"别告诉他。"

亚伯变得有点懊恼。"什么?别告诉我什么?"

他之前喝了酒,他从没有清醒着下班回家过,酒精总是让他脾气变得更糟。虽然感觉很奇怪,但在那一刻我意识到,如果我把发生的事情告诉他,他就会插手进来做些什么。我们几乎就是一家人,我知道如果我让他产生他的家人被侮辱了的感觉,他就会帮我教训那些男孩。

我把整件事告诉了他,包括他们对我的辱骂和攻击。我妈妈一直笑着打岔,让我别把这件事放心上,说这就是小孩子之间打打闹闹,没什么大不了的。她想要平息风波,可是我没能理解她的好意。我只顾着生她的气。

亚伯没有笑。当我告诉他我受了怎样的欺负,我能感觉到他心中燃起了熊熊怒火。他虽然很生气,但并没有怒吼或握紧拳头。他只是坐在沙发上听我说话,没有插一句话。然后,他不慌不忙地站了起来,看起来异常平静。

"带我去找那些男孩。"他说道。

没错,我心想,就是这样。老大哥要去替我报仇了。

我们坐进他的车,开车上路,然后在离那棵树还有几栋房子远的地方停了下来。此时除了路灯照亮的地方,街上其他地方黑乎乎一片,但我们能看见那些男孩们还在树下玩。我指了指那个带头的男孩。"就是那个。他是带头的。"亚伯踩了一脚油门,车跃上草地,径直朝树下冲去。

然后，他跳下车。我也跳下车。那些孩子们一看见我就知道不对劲。他们疯了一般四散而逃。

亚伯动作很迅速。带头男孩夺路狂奔，想要翻过一面墙。亚伯抓住了他，把他拽下来，拖了回来。然后亚伯折断一截树枝，开始揍他。我乐在其中。报复的感觉真美妙。

突然，我瞥见了男孩惊恐的表情，这时我才意识到，亚伯的行为已经超出了替我报仇的范畴。他这么做并不是要给这个孩子一个教训。他只是想揍他。他是个正在拿12岁男孩发泄怒气的成年人。一瞬间，我的心思从"是的，我报仇了"变成"上帝啊，我都做了些什么"。

把那个男孩揍得一瘸一拐之后，亚伯又把他拖到车旁，拎到我面前。"说对不起。"那个男孩呜咽着浑身颤抖。他直视着我，我从没在谁的眼睛里看到过那样的恐惧。他被一个陌生人狠狠揍了一顿，我觉得他从没被人这样揍过。他说了"对不起"，但他似乎不是在为自己对我的所作所为道歉。他似乎是在为他一生中做过的每一件坏事道歉，因为他不知道会遭受这样的惩罚。

望着那个男孩的眼睛，我意识到我和他有很多共同之处。他是孩子。我也是孩子。他在哭。我也哭了。他是南非的有色人种男孩，被灌输了憎恨他人和自己的思想。他曾经被谁欺负过导致他现在来欺负我？他让我感到恐惧，为了复仇，我到他的世界来发泄愤怒。我做了件可怕的事情。

那个孩子道歉后，亚伯一把把他推开，还给了他一脚。他跑走了，我们开车回家，一路沉默无言。回到家，亚伯和我妈妈大吵一架。她一直不满他的暴脾气。"你不能就这么冲过去揍别人的孩子！你不是法律！这种暴脾气让人无法忍受！"

过了几个小时，那个孩子的爸爸开车来到我们家找亚伯的麻烦。亚伯朝门口走去，我则躲在屋子里看。当时亚伯醉得很厉害。那个孩子的爸爸不清楚会惹上什么人。他看上去是个温文尔雅的中年人。我对他没什么印象，因为我的注意力都在亚伯身上。我的眼睛一直盯着他。我知道谁才是危险分子。

那时候亚伯还没有枪，但他后来买了一把。不过，即使没有枪，亚伯也会让你瑟瑟发抖。我看见他直接一拳打在那个男人的脸上。我听不见那个男人说了些什么，但我听见了亚伯的话："别惹我。我会杀了你。"那个男人迅速转身回到车上，开车走了。他以为他来了可以捍卫家庭荣誉。但他走的时候却是在庆幸自己可以活着离开。

* * *

在我的成长过程中,我妈妈花了很多时间教我有关女人的事情。她不是要求我坐下来听关于情感关系的全面讲座。她更多的是采取时不时来点"名言金句"的授课方式。我一直不明白我妈妈为什么要这么做,因为我还是个孩子。我生命中出现的女人只有妈妈、外婆、姨妈和表姐妹。我对爱情什么的毫无兴趣,然而我妈妈对于教授我各种相关知识却总是乐此不疲。

"特雷弗,你要记住,一个男人的价值不是由他挣多少钱决定的。即使你挣得比你的女人少,你仍然可以是一家之主。做一个真正的男人不是看你拥有什么,而是看你是什么样的人。活得更像个男人并不代表你的女人就要比你弱。"

"特雷弗,要确保你的女人在你生命中的地位。不要成为那种让妻子和自己的妈妈竞争的男人。一个有妻子的男人不能时刻觉得欠着自己的妈妈什么。"

最微不足道的事情都能激发她的授课欲。如果我在走回我自己房间的路上跟她打招呼说"嘿,妈妈",但却没有抬头看她,她会说:"不,特雷弗!看着我。你在跟我打招呼。你要让我看到我在你眼里是存在的,因为你怎样对待我就会怎样对待你的女人。女人需要被关注。过来跟我打招呼,让我知道你看到我了。别只是在需要什么的时候看着我。"

这些小课程都是关于成年人情感关系的。她一心只想教我如何成为男人,却从没教我如何当个男孩。如何在课堂上跟女孩子交谈,或是给女孩递纸条——这些她统统没有教过。

* * *

10 一个年轻人漫长、尴尬、偶尔悲剧、时常蒙羞的情感教育
第一部分：情人节

那是我在 H.A. 杰克小学的第一年，我离开玛丽韦尔学院后就转入这所小学。情人节快到了。当时我 12 岁，之前从没过过情人节。我们在天主教学校不过这个节。我大概理解情人节的概念。光着身子的婴儿用箭射中你，然后你就坠入爱河。我理解这部分内容。但这是我第一次参与情人节活动。H.A. 杰克小学会利用情人节搞筹款活动。情人节的时候，这里的学生到处卖花和贺卡，我不得不去问一个朋友发生了什么事。

"哦，你知道吧，"她说道，"情人节到了。你要选一个特别的人，告诉他/她你爱他/她，然后他/她也会爱你。"

哇，我心想，真带劲。但我没有被丘比特的箭射中，

我也不知道有谁因为我而被射中。我对此毫无头绪。整整一周的时间里，学校的女孩们都在讨论："谁是你的情人？谁是你的情人？"我不知道我该做些什么。最后一个白人女孩对我说："你应该去问问梅琳。"其他孩子们纷纷附和道："是的，梅琳。你绝对应该去问问梅琳。你必须去问问梅琳。你们俩是绝配。"

我常跟梅琳一起放学回家。我、我妈妈、已经成为我继父的亚伯和刚出生的小弟弟安德鲁现在一起住在城里。我们卖掉了伊甸公园的房子，投资了亚伯新开的汽车修理厂。后来汽修厂倒闭了，我们搬到了一个叫高地北的街区，从那里步行去 H.A. 杰克小学要花 30 分钟。每天下午，我们一群学生会结伴离开学校，当我们到达各自家门口的时候，就分手道别，各回各家。梅琳和我住得最远，于是最后总是剩下我俩结伴而行。我们会一起走到不得不分手道别的地方，然后各走各路。

梅琳很酷。她擅长打网球，人很聪明，也很可爱。我喜欢她。但我对她并没有爱慕的意思，我那时候甚至压根没对女孩有过这样的想法。我只是喜欢跟她一起玩。梅琳也是学校唯一的有色人种女孩。而我是学校唯一的混血儿。在学校里跟我或她外表相似的人只有我们俩。那些白人女孩坚持让我选梅琳当我的情人。她们这么对我说："特雷弗,你必须找她。你们是仅有的两个。这是你的责任。"

我真的没想过去找梅琳,但当那些女孩们这么说的时候,就好像有人把这个想法植入了你的大脑,改变了你的认知。

"梅琳肯定对你有感觉。"

"她有吗?"

"是的,你们俩在一起很配!"

"我们配吗?"

"绝对的。"

"那好吧。如果你们都这么说的话。"

我想我就像喜欢其他人一样喜欢梅琳。重要的是,我觉得我喜欢被人喜欢的感觉。我决定要请她做我的情人节对象,但我完全不知道该怎么开口。对于怎么才能有个女朋友,我一窍不通。我不得不学习学校流行的表白套路。你不能直接对心仪的人表白。你有你的朋友圈,她有她的朋友圈,你的朋友得去跟她的朋友说:"嘿,特雷弗喜欢梅琳。他想请她做他的情人。我们都赞成他这么做。如果你们同意,我们也接受。"她的朋友会说:"好的。听起来不错。我们得去问问梅琳。"她们去找梅琳,给她支着。她们会把自己的想法告诉她。"特雷弗说他喜欢你。我们也赞成。我们觉得你俩在一起挺好。你有什么想法?"梅琳说:"我喜欢特雷弗。"她们说:"好。该下一步了。"她们回头来找我们,表示:"梅琳说她愿意,她等着特雷弗的情人节邀请。"

女孩们跟我说这个过程是必需的。我回应道:"好啊。那就这么做吧。"朋友为双方牵了线,梅琳同意了,我也做好了准备。

情人节的前一周,我和梅琳结伴回家,我试着鼓起勇气邀请她。我很紧张。她的朋友告诉我她会同意的,但我从没做过这种事。我想一切都很完美,于是我一直等到我们走到麦当劳门口才开始行动。我鼓足勇气转向她。

"嘿,情人节就要到了,我想,你愿意做我的情人吗?"

"是的。我愿意做你的情人。"

然后,我们就在麦当劳的金色拱门标志下接吻了。这是我第一次亲吻女孩。只是蜻蜓点水般的一吻,我们的嘴唇只接触了几秒,但我的脑子却轰地炸了。有什么东西被唤醒了。而且这个吻就发生在麦当劳外面,因此显得格外特别。

现在我真的很兴奋。我有情人了。我有女朋友了。整整一周我都在想着梅琳,想尽力为她制造一段难以忘怀的情人节回忆。我把零花钱都存了起来,给她买了鲜花、泰迪熊和情人节卡片。我写了首诗,把她的名字嵌了进去,这真的很难，因为没有多少与"梅琳"押韵的好词。终于等来了那一天。我准备好情人节卡片、鲜花和玩具熊，把它们带到学校。我是世界上最幸福的男孩。

老师们在课间休息前留出一段时间，让大家交换情人节礼物。教室外有条走廊，我知道梅琳会在走廊上，我就在那儿等着她。我周围散发着爱情的芬芳。男孩和女孩们互相交换卡片和礼物，或哈哈大笑，或咯咯傻笑，还偷偷亲吻。梅琳终于现身了，她朝我走来。我正要说"情人节快乐"，她就在我面前停了下来，说道："哦，嗨，特雷弗。嗯，听着，我不能再做你的女朋友了。洛伦佐让我做他的情人，我不能有两个情人，所以，现在我是他的女朋友了，不是你的。"

她说得如此实事求是，我都不知道该做何反应了。

"哦，好的，"我说道，"那，呃……情人节快乐。"

我还是把卡片、鲜花和泰迪熊递给了她。她接过这些东西，说了声"谢谢"，然后就走了。

我感觉就像有人拿了把枪，在我身上射出无数个洞。与此同时，我心里又想："好吧，这也说得通。"洛伦佐和我完全不一样。他很受欢迎。他是白人。他约了学校里唯一的有色人种女孩，打破了一切平衡。女孩们都爱他，而他却蠢得像块石头。他是个好人，却又有点坏。女孩们会帮他写家庭作业,他就是这种人。他长得也很好看。在他面前,我一点机会也没有。

虽然大受打击,我还是能理解梅琳为什么做出这个选择。换成是我,也会选择洛伦佐。其他孩子都在走廊上和外面的操场上跑来跑去,他们手里拿着红色和粉色的卡片和鲜花,脸上绽放着各种各样的笑容,而我则走回教室,一个人坐下,等待上课铃声响起。

* * *

汽油对于汽车而言,就像食物之于人一样,是我们无法省掉的开支,但我妈妈用一箱汽油跑出的里程数比汽车史上任何开车的人都要多。她知道每一种省油的窍门。她开着我们那辆生锈的老大众汽车在约翰内斯堡转悠的时候,每次遇到堵车她都会熄火。车流重新启动的时候,她也重新发动车子。现在用在混合动力汽车上的启停技术?那是我妈妈玩剩下的。在混合动力汽车诞生之前,她本人就是混合动力汽车。她还是惯性滑行大师。她熟悉公司和学校之间以及学校和家之前的每一段下坡路。她清楚知道坡道的变化节点,能准确地放空档滑行。她还能计算交通灯的时长,这样我们就可以滑行通过十字路口,不用刹车,也不会失去动力。

有时候遇到堵车,我们又没钱买汽油,就只能下来推着车走。如果整条路都被堵死了,我妈妈就会把车熄火,而我就得下去推车,每次把车往前推15厘米左右。这时候,旁边的是人就会过来帮忙。

"车子卡住了吗?"

"没有。我们没事。"

"确定?"

"是的。"

"要我们帮忙吗?"

"不需要。"

"你们需要拖车吗?"

如果是你,你会怎么说?说实话?"谢谢,我们只是太穷了,我妈妈只能让她的孩子来推车"?

那是我人生中最尴尬的一些时刻之一。更重要的是,还有其他孩子走那条路去不同的学校上学。所以,我会脱下外套,这样就没人知道我是哪所学校的了。我还会低着头推车,希望没人能认出我来。

* * *

11 局外人

从 H.A. 杰克小学毕业后，我开始在桑德林汉姆高中读八年级。尽管种族隔离制度已经结束，大多数黑人仍然住在黑人聚居的城镇和以前被指定为黑人家园的地区，在那些地方唯一能上的公立学校就是遗留下来的班图学校。富有的白人孩子和少数黑人、有色人种和印度孩子会上私立学校，那里的学费超级贵，但也保证学生都能上大学。桑德林汉姆是我们所说的 C 型学校，这种学校是公立和私立的混合体，有点像美国的特许学校。学校很大，有上千名学生，校园里还有网球场、运动场和一个游泳池。

作为非政府公立的 C 型学校，桑德林汉姆高中吸引了各种各样的孩子，使其成为后种族隔离时代近乎完美的南非缩影——展示南非极具潜力的未来的绝佳范例。我们有富裕的白人孩子，有中产阶层的白人孩子，还有一些工薪阶层的白人孩子。我们有新富阶层的黑人孩子，中产阶层的黑人孩子和来自黑人聚居城镇的黑人孩子。我们有有色人种孩子和印度孩子，甚至还有一些中国孩子。由于种族隔离制度刚刚结束，学生们都还在尽力适应融合生活。在H.A.杰克小学，不同种族的学生分裂成不同的小团体。而在桑德林汉姆，种族之间的融合更像光谱。

南非的学校没有食堂。在桑德林汉姆，我们会在小卖部买午餐，然后可以在学校里任何地方吃饭，随便哪个院子、天井、操场都行。孩子们会自动分成一个个小团体。大多数情况下，大家仍然会按肤色组队，但你能看到他们也在逐渐互相融合。踢足球的大多数是黑人孩子。打网球的大多是白人孩子。玩板球的则各个肤色的孩子都有。中国孩子喜欢在预制楼附近玩。高年级的孩子会在院子里玩。受欢迎的漂亮女孩们在这边玩，电脑怪才们则在那边玩。从某种程度上来说，这些小团体还是按种族来区分的，这是因为在现实世界中，种族还涵盖了阶级和地理位置的概念。郊区孩子和郊区孩子一起玩。黑人聚居城镇的孩子和黑人聚居城镇的孩子一起玩。

课间休息的时候，作为上千名学生中唯一的混血儿，我面临着和在H.A.杰克小学操场上一样的困境：我应该去哪儿？即使有这么多不同的小团体可以选择，但我天生就不属于任何一个特定团体。我显然不是印度人或中国人。有色人种孩子会因为我肤色太黑而大惊小怪。因此，我在他们那儿并不受欢迎。一直以来，我都习惯跟白人孩子玩在一起，并且不会被他们欺负，可是，白人孩子总喜欢购物、看电影、旅行——这些都是要花钱的活动。我们家没有钱，所以我也没法跟他们玩在一起。我觉得最亲近的小团体是那些贫穷的黑人孩子。我跟他们一起玩，相处得很好，但他们大都住在黑人聚居小镇，搭小巴上学。他们每天一起上学，一起回家。所以，放学后，就只剩下我孤零零的一个人了。周末我也一个人过。作为局外人，我创造了我自己的奇怪小世界。我这么做也是迫不得已。我需要找到方法融入他们。我也需要钱，这样才可以买其他孩子都在吃的零食，去做他们都在做的事情。这就是我变成"小卖部男孩"的原因。

那个年纪的我身上有两个特点。第一，我仍然是学校里跑得最快的孩子。第二，我没有自尊。我们在休息前要先集合，宣布解散的瞬间，我就会像疯了一样冲向小卖部，这样我就能第一个到那里。我总是排在第一个。我因此声名远扬，开始有人来找我帮忙。"嘿，你能帮我买一下这个吗？"这惹恼了排在我后面的孩子，因为这差不多就是插队了。于是,大家开始在集合的时候就来找我。他们会说:"嘿,我有 10 兰特。如果你帮我买吃的,我就分 2 兰特给你。"那一刻我才学到时间就是金钱。我意识到,因为我愿意跑腿,所以大家会付钱给我帮他们买吃的。于是我开始在集会上告诉所有人:"提前下订单吧。把你想要的东西列个单子给我,再确定好你要给我的跑腿费,我就会帮你买吃的。"

我一举成名。我的顾客太多了,甚至于要把一些孩子拒之门外。我定了个规矩:每天只接 5 个订单,仅限跑腿费多的。我挣了很多钱,因此可以用其他孩子的钱买午餐,然后把妈妈给我的午餐钱当作零花钱。后来,我也不用走路回家了,因为我有钱可以搭公交车了,而且还可以攒下钱来买想要的东西。每天我都接单,集合一解散,我就疯狂冲向小卖部,给大家买热狗、可乐和松饼。如果你额外多付我钱,你甚至可以告诉我你人在哪儿,我会把东西送到你面前。

我找到了自己的位置。因为我不属于任何团体,我学会了在不同团体之间灵活游走。我的位置飘忽不定。我还是条变色龙,文化上的变色龙。我学会了如何融入。我可以和运动员一起运动。我可以和电脑怪才们聊电脑。我可以跳进人群里,和来自黑人聚居小镇的孩子们一起跳舞。

我可以给任何团体的人讲笑话。

　　我不受欢迎,但也并不遭人排斥。我可以在任何地方跟任何人玩在一起,而与此同时,我又是孤身一人。

* * *

在每个不错的社区,都有一家不怎么好面子的白人家庭。你知道我说的是哪种家庭。他们不修剪草坪,不粉刷篱笆,不修整屋顶。他们的房子看起来破破烂烂的。我妈妈找到了一栋这样的房子,买了下来,她就这样把一户黑人家庭悄悄带进了高地北这样的白人聚居区。

大多数想要融入白人郊区生活的黑人都搬到了布拉姆利和伦巴第东这样的地方。但出于某种原因,我妈妈选择了高地北。那是一个有着很多购物场所的郊区。住在那里的大多是工薪阶层。他们并不富有,但工作稳定,基本都是中产阶级。那里的房子都有点老旧,但仍然是个适合居住的好地方。在索韦托,我是黑人小镇上唯一的白皮肤孩子。在伊甸公园,我是有色人种聚居区唯一的混血儿。在高地北,我则是白人聚居的郊区唯一的黑皮肤孩子——我说的"唯一",就是"唯一"的字面意思。高地北的白人绝不会逃离。这是一个以犹太人为主的社区,犹太人不会逃离。他们不愿再度颠沛流离。他们已经逃离太久。他们到达一个地方，修建犹太教堂，然后固守此地。既然我们周围的白人没有逃离，也就没有很多像我们这样的家庭追随着我们的脚步搬进来。

我在高地北有很长一段时间没有交到任何朋友。我在伊甸公园比较容易交到朋友。而在郊区，每个人都住在围墙后面。约翰内斯堡的白人社区建立在白人恐惧的基础之上——害怕黑人犯罪，害怕黑人暴动和报复——因此，几乎每户人家都会砌一圈近两米高的围墙，围墙顶部还会装一圈电线。每个人都住在豪华气派、高度安全的监狱里。没人坐在门廊前，没人跟邻居打招呼，没有孩子在房前屋后追逐打闹。通常我骑自行车在附近转好几个小时都看不到一个小孩。但我能听到他们的声音。他们都聚在高墙后面一起玩，而我没有被邀请。我能听到他们嬉戏玩耍的声音，我会跳下自行车，悄悄爬上墙，偷偷朝里看，通常会看到一群白人孩子在某家的游泳池里玩耍。为了寻找到一点友谊，我把自己弄得像个偷窥狂。

过了一年左右，我才发现在郊区结交黑人朋友的诀窍：用人的孩子。在南非，许多女佣怀孕后就会被解雇。如果她们走运一点，雇用她们的家庭会让她们留下来，但是她们的孩子却要去跟住在黑人家园的亲戚一起生活。然后，黑人妈妈负责照顾白人孩子，每年只能在节假日跟自己的孩子见一次。只有少数主人家会让女佣把孩子带在身边，让他们住在后院的女佣房或小单间里。

很长一段时间里，那些孩子是我唯一的朋友。

* * *

12 色盲

我在桑德林汉姆认识了一个叫泰迪的孩子。他是个有趣的家伙，非常可爱。我妈妈喜欢叫他兔八哥，他喜欢放肆大笑，总是露出两颗大门牙。我和泰迪可以说是一拍即合，我俩之间就是那种从第一次一起出去玩之后，就变得形影不离的友谊。我终于遇到了一个让我感觉正常的人。我是我家的恐怖分子。他是他家的恐怖分子。当我俩凑在一起，就少不了制造麻烦。放学回家路上，我们会朝别人家的窗户扔石头，还得看着玻璃被砸碎，然后才逃跑。我们总是一起被关禁闭。学校里的老师、同学和校长都知道：泰迪和特雷弗是好得穿一条裤子的小伙伴。

泰迪的妈妈在林克斯菲尔德的一户人家做女佣，那里离学校不远，是一个富裕的郊区。从我家到林克斯菲尔德要走将近40分钟，但这阻止不了我去找他玩。

那时候我做得最多的就是用一双脚到处乱跑。我没钱做别的事，也没钱用别的方式去什么地方。我和泰迪一起走遍了约翰内斯堡的大街小巷。一般我先走路去泰迪家，找他一起玩。然后我们又一起走到我家，继续一起玩。我们还会从我家走到市中心，这一路大约要走3个小时，然后就在那闲逛一下，再一路走回家。

周五和周六的晚上，我们会走路去商场玩。巴尔福公园购物中心离我家只有几个街区。这个购物中心并不大，但电游室、电影院、店铺和餐馆这些商场该有的这儿都有。因为我们从来没钱购物、看电影或买吃的，我们只是在购物中心里闲逛。

一天晚上，我们又来到购物中心，大多数店铺已经关门，但因为电影院还没结束放映，所以购物中心也还开着。购物中心里有一家卖贺卡和杂志的文具店，这家店没有正经的店门，晚上关门的时候只是关上一个像棚架一样的金属门，就从入口处横拉过来，然后挂上一把锁。经过这家店的时候，我和泰迪发现，如果我们把手臂从棚架的空隙中伸进去，就能够到里面放巧克力的货架——那些并不是普通的巧克力，而是酒心巧克力。

我们把手伸了进去，抓出几块酒心巧克力，先把里面的酒喝掉，然后再一口吞下巧克力。我们就像中了大奖。我们后来又一次次来到这家店，偷出来更多酒心巧克力。我们会等到店铺开始关门，然后才去购物中心，倚着店门坐着，装成闲逛的样子。我们会先确认没有危险，然后其中一个才伸手进去，抓出一块酒心巧克力，喝掉里面的威士忌。然后再伸手进去，抓出一块酒心巧克力，喝掉里面的朗姆酒。接着继续伸手进去，抓出一块酒心巧克力，喝掉里面的白兰地。至少一个月的时间里，我们每个周末都来偷吃酒心巧克力，度过了一段最美好的时光。然而，我们的好运终归要走到头。

事情发生在一个周六的晚上。我们靠在文具店所谓的店门上。我伸手进去抓出一块巧克力，就在这时，一名保安从拐角处走来，看到我把整个手臂伸进店铺。然后我把手臂缩回来，手心里抓着一大把酒心巧克力。接下来的这一幕就像电影里演的一样。我看到了他。他也看到了我。他瞪大了眼睛。我则试图假装淡定地离开。然后，他大叫起来："嘿！站住！"

我和泰迪拔腿朝购物中心出口跑去。我心里清楚，如果让保安在出口处切断了我们的去路，我们就会被困住，因此我们以最快速度逃跑。我们顺利通过出口。然后我们朝停车场跑去，保安们对我们展开围追堵截，他们至少有十几个人。我埋头向前冲。这些保安认识我。我总是去这家购物中心。保安也认识我妈妈。她在这家购物中心里办理银行业务。如果他们认出我是谁，我就完了。

我和泰迪径直穿过停车场，在停着的汽车之间左躲右闪，保安在我们后面大叫着紧追不舍。我们跑到路边的加油站，一路跑过去，沿着主路向左拐。他们不停地追啊追，我们不停地跑啊跑。调皮捣蛋的乐趣一半来源于被抓的风险，而现在，又加上了追逐的乐趣。

我喜欢这样。这是我的地盘。这是我住的地方。你不可能在我住的地方抓住我。我熟悉这里的每一条大街小巷，清楚哪面后墙可以翻，那里的栅栏有足够大的空隙可以钻过去。你能想到的每一条捷径我都知道。作为一个小孩子，无论我去哪里，无论我在什么样的大楼里，我总是在琢磨逃跑路线。

我知道我们不能一直跑下去。我们得想个脱身的法子。我和泰迪冲过消防站，前面有条路通向左边的一个死胡同，死胡同尽头有一道金属栅栏。我知道栅栏上有个洞可以让我们挤过去，而栅栏另一边就是购物中心后面的一块空地，我们可以从那里回到主路，然后回到我家。成年人是没法钻过那个洞的，但小孩子可以。这么多年来我一直想象着自己当上特工后的生活，现在终于要梦想成真了。

现在我需要脱身之计，而眼前正好有一个。

"泰迪，这边！"我叫道。

"不，那是个死胡同！"

"我们能过去！跟着我！"

他没有跟着我。我转弯跑进死胡同。泰迪则跑向了另一条路。保安们兵分两路继续追我俩。我跑到栅栏前，很清楚要怎么钻过去。先伸头，然后是肩膀，接着一条腿，然后扭一下身子，再来一条腿——大功告成。我钻了过去。保安被拦在栅栏另一边，没法再追着我跑。我穿过空地，跑到另一头的一个栅栏前，又钻了过去，然后就回到了主路，这里离我家只有三个街区了。我把手插进口袋，漫不经心地朝家走去，看上去就是一个在外面散步的无害行人。

回到家后，我就等着泰迪。他没有出现。30分钟，40分钟，1小时，我一直在等待。可是泰迪一直没出现。

糟糕。

我跑到泰迪在林克斯菲尔德的家里。泰迪不在家。周一早上，我去上学，还是没见到泰迪。

太糟糕了。

现在我开始担心了。放学回家后，我又在我家找了一遍，还是没发现泰迪。我又去泰迪家看了一遍，还是没看见他。接着我就跑回了家。

一小时后,泰迪的父母来了。我妈妈在门口跟他们打招呼。

"泰迪因为在商店偷东西被抓了。"他们说道。

实在太糟糕了。

我在另一个房间偷听了他们的全部对话。我妈妈确信我也参与了偷窃。

"哎,特雷弗当时在哪儿?"她问道。

"泰迪说他当时没跟特雷弗在一起。"他们答道。

"哦。你们确定特雷弗没有参与?"

"当然确定。警察说还有另一个孩子在场,不过他跑了。"

"那个就是特雷弗。"

"不是,我们问了泰迪。他说那是另一个孩子。"

我妈妈叫我过去。"泰迪因为在商店偷东西被抓了。你知道这件事吗?"

"什——么?"我装出一副什么都不知道的样子,"不。太疯狂了。我不敢相信。"

"你当时在哪儿?"我妈妈问道。

"我在家。"

"可你总是跟泰迪在一起。"

我耸了耸肩,说道:"这件事发生时没在一起。"

我妈妈一度以为会抓我一个现行，可是泰迪成了我不在场的有力证明。我回到我的房间，以为没事了。

第二天，我坐在教室，突然听到学校广播里在叫我的名字。"特雷弗·诺亚，请去校长办公室。"同学们都露出惊讶的表情。每个教室都能听到广播，所以现在整个学校的人都知道我有麻烦了。我站起来，走到校长办公室门口，坐在一张不怎么舒服的木凳子上不安地等着。

终于，校长弗里德曼先生走了出来。"特雷弗，进来。"我进去才发现，他的办公室里还有购物中心保安主管，两名穿制服的警察和泰迪的班主任沃斯特夫人。这几个面无表情的白人权威人物就站在我这个有罪的年轻黑人面前，大家都沉默不语。

"特雷弗，我不知道你是否知道这件事，"弗里德曼先生打破了沉默，"就是泰迪前几天被抓了。"

"什么？"我又装出什么都不知道的样子，"泰迪？噢，不。为什么？"

"在商店偷窃。他已经被开除了，他再也不会回学校了。我们知道还有一个男孩参与了这件事，这些警察正在附近的学校展开调查。我们把你叫来是因为沃斯特夫人说你是泰迪的好朋友，我们想知道：你知道这件事吗？"

我摇了摇头。"不,我什么都不知道。"

"你知道当时谁跟泰迪在一起吗?"

"不知道。"

"好吧。"他站起来,朝角落里的电视机走去,"特雷弗,警察有整件事的录像。我们想让你也看一看。"

我的心怦怦直跳。

弗里德曼先生按下录像机上的播放键。开始播放了。这是一段模糊的黑白监控录像,但足以让人清楚地看到发生了什么。甚至还有多角度拍摄的画面:我和泰迪把手伸进店里。我和泰迪跑向出口。他们清楚整件事情。过了一会儿,弗里德曼先生伸手按了暂停键,画面中的我站在几米远的地方,被定格在屏幕中间。我以为他会转向我说:"现在,你愿意坦白了吗?"但是他并没有这么做。

"特雷弗,"他说道,"你认识跟泰迪一起玩的白人小孩吗?"

"什么?!"我脱口而出。

我看着屏幕,意识到泰迪肤色是黑色的,而我的是浅色的。我有着橄榄色的皮肤。但是摄像镜头不能同时对深色和浅色进行曝光。所以,当我出现在黑白摄像头前,旁边再站一个黑人的话,摄像机就不知道该怎么办了。如果摄像机必须做出选择,它会把我显示成白色。我的肤色被褪掉了。在这段录像中,显示的是一个黑人和一个白人。但这改变不了那是我的事实。由于画质不怎么好,我的面部特征有点模糊,但如果你仔细看,就能看出那是我。我是泰迪的好朋友。我是泰迪唯一的朋友。我是唯一最有可能的同谋。你们至少应该怀疑一下那是我。但是他们没有。他们足足盘问了我 10 分钟,但这只是因为他们确信我知道这个白人小孩是谁。

沃斯特夫人突然开始报出她认为有嫌疑的白人小孩的名字。

"是大卫?"

"不是。"

"莱恩?"

"不是。"

"弗雷德里克?"

"不是。"

我还是认为这是个圈套,等着他们转过身来说:"是你!"但他们没有。我终于发现自己被彻底忽视了,几乎想要坦白了。我真想跳起来,指着电视说:"你们这些人瞎了吗?那是我!你们难道看不出那是我吗?"但我当然没有这么做。他们也无法找到真正的同伙。这些人被固有的种族观念搞得晕头转向,他们根本看不出,他们正在找的白人正坐在他们面前。

　　最后,他们放我回了教室。那天余下的时间和接下来的几周,我都在等着另一只鞋掉下来,等着我妈妈接起一通电话。"我们认出他了!我们搞清楚了!"但这通电话一直没有响起。

* * *

南非有11种官方语言。实行民主制之后，人们不禁问："好吧，我们怎样才能创建一套让不同种族都有权力参与感的秩序？"英语是国际语言，也是象征财富和舆论的语言，所以我们必须保留英语。大多数人至少被迫学习了一些南非语，因此保留这种语言也有用。而且，我们也不希望白人少数群体在新南非感到被排斥，否则他们会带着他们的钱离开。

在非洲语言中，以祖鲁语为母语的人最多，但我们也不能只保留它，舍弃科萨语、茨瓦纳语和恩德贝勒语。此外还有斯威士语、聪加语、文达语、索托语和佩迪语。我们想让所有主要种族的人都高兴，于是我们就把11种语言定为了官方语言。这些语言还是因为使用人口足够多才获得承认，还有其他几十个没能获得官方认可的小语种。

这就是南非的巴别塔。每天你都能看到人们试图进行对话，但却不知道对方在说什么。祖鲁语和茨瓦纳语比较通用，聪加语和佩迪语就比较小众。你越习惯说比较通用的语言，就越不容易学其他相对小众的语言。而如果你习惯说的语言越小众，你就越有可能学到两三种其他小语种。在城市，大多数人至少会说些英语，通常还会说点南非语，这就足以让他们在那里生活。如果你去参加十几个人的聚会，那很有可能就要用两三种不同的语言交流。你可能会听不懂其中部分对话，但有人可能会简短翻译几句，让你知道要点，你再结合语境理解其余的对话，然后就明白了。虽然这听上去有点疯狂，但却意外地有效。社会正常运转，但有时候也会出点状况。

* * *

13 一个年轻人漫长、尴尬、偶尔悲剧、时常蒙羞的情感教育
第二部分：舞会

高中毕业的时候，我已经成了大人物。我的小卖部生意已经发展成一个迷你帝国，业务已经拓展到出售我在家制作的盗版光盘（CD）。虽然我知道妈妈很节俭，但我还是以学习为理由，想要说服她给我买台电脑。其实我学习不需要电脑。但我很有说服力，而她经不起我的死缠烂打，最终还是给我买了。多亏了电脑、互联网，还有朋友送的CD刻录机，我才能拓展我的业务。

我还有邦哈尼和汤姆两个中间商为我工作。他们帮我卖CD，我给他们佣金。我是在巴尔福公园购物中心的拱廊认识的汤姆。他和泰迪一样，就住在附近，因为他妈妈是女佣。汤姆和我同级，但他上的是一所叫诺斯维尤的公立学校，是所典型的贫民窟学校。汤姆就负责在他的学校

为我卖 CD。

汤姆是个话痨，过度活跃，冲劲十足。他还是个不折不扣的骗子，总琢磨着怎么赚一笔。他能让人做任何事。他是个很不错的家伙，但又很疯狂，还是个彻头彻尾的谎话精。我曾和他一起去过哈曼斯克拉尔，那是个定居点，很像黑人家园，但又有点不太一样。哈曼斯克拉尔是个南非语名词，字面意思就是"哈曼的牛栏"，也就是说那里以前是个白人的农场。像文达、加赞库卢和特兰斯凯这类正经黑人家园，才真正是黑人居住的地方，政府在它们周围划出了边界，命令黑人"待在那里"。哈曼斯克拉尔和其他类似定居点原本是地图上的空地，被驱逐的黑人被重新安置到这些空地。政府就这么干。他们会找一些尘土飞扬、毫无用处的不毛之地，在地上挖一排又一排的坑——供 4000 个家庭使用的 1000 个厕所。然后，政府的人强行把非法占领白人定居点的人赶到某个不毛之地，随便扔给他们几块胶合板和瓦楞铁皮。"这儿。这就是你的新家。随便搭几间房子。祝好运。"我们能在电视上看到这样的新闻。这就像是一场无情的生存电视真人秀，只不过没有任何奖金。

一天下午，我和汤姆待在哈曼斯克拉尔，他跟我说我们要去看一场才艺表演。当时，我穿着一双添柏岚牌的靴子。这是我仅有的一件像样的行头。那个年代,南非几乎没人穿添柏岚。几乎没人能买到这个牌子的鞋,但每个人又都想得到一双,因为美国说唱歌手们都穿它。为了买这双鞋,我节衣缩食,把从小卖部赚的钱和原本用来买 CD 的钱都存了起来。我们准备出发的时候,汤姆对我说:"一定要穿你那双添柏岚。"

才艺表演在狭小的社区礼堂举行,这个地方跟任何地方都不挨着。我们到那儿之后,汤姆四处走动,到处跟人握手、聊天。有人在进行一些歌舞和诗歌朗诵表演。突然,主持人走上舞台,宣布:"Re na le modiragatsi yo o kgethegileng. Ka kopo amogelang . . . Spliff Star!"。也就是:"让我们欢迎一位特别的表演者,来自美国的说唱歌手。请欢迎……斯普里夫·斯塔!"[1]

斯普里夫·斯塔当时是巴斯塔·莱姆斯[2]的伴唱歌手。我坐在那里,十分不解。什么?斯普里夫·斯塔?在哈曼斯克拉尔?然后,礼堂里的每个人都转过头来看着我。汤姆走过来,在我耳边耳语几句。

"兄弟,快上台。"

"什么?"

---

[1] 美国说唱歌手、制作人威廉·A.刘易斯的艺名。
[2] 美国说唱歌手小特雷弗·乔治·史密斯的艺名。

"上台。"

"老兄,你在说什么?"

"兄弟,快点,你就要给我惹来大麻烦了。他们已经付我钱了。"

"钱?什么钱?"

当然,没告诉我的是,他告诉这些人,他要带一个著名的美国说唱歌手来参加才艺表演。他为此要求预支报酬,而脚蹬添柏岚的我就是那个著名的美国说唱歌手。

"去你的,"我说道,"我哪儿都不去。"

"求你了,兄弟,我求求你了。求你帮我这个忙吧。求你了。我看上一个女孩,我想和她在一起,我告诉她我认识所有说唱歌手……求你了。我求求你了。"

"老兄,我不是斯普里夫·斯塔。我上去做什么?"

"就唱几首巴斯塔·莱姆斯的歌。"

"可我根本不知道歌词。"

"没关系。这些人不会说英语。"

于是我走上舞台,汤姆来了段糟糕的 B-Box——"噗-吧嗒噗,噗-噗-吧嗒噗"——而我则结结巴巴地唱了几句巴斯塔·莱姆斯的歌词,不过这些词都是我在上台的时候瞎编的。观众中爆发出一阵欢呼声和掌声。一位美国说唱歌手来到哈曼斯克拉尔,这是他们见过的最激动人心的事情了。

汤姆就是这种人。

一天下午,汤姆来到我家,我们聊到即将到来的舞会,也就是高中毕业舞会。我告诉他我没有舞伴,我找不到舞伴,也不会有舞伴。

"我能帮你找个女孩去舞会。"他说道。

"不,你不能。"

"不,我能。我们做笔交易吧。"

"我不想跟你做任何交易,汤姆。"

"不,听着,这笔交易是这样。如果在我卖出的CD上,你给我更高的佣金,而且再给我一点免费音乐的话,我就帮你约你见过的最漂亮的女孩,她将是你的毕业舞会舞伴。"

"好,我接受这笔交易,因为这绝不可能发生。"

距离舞会还有两个月时间。我很快就把汤姆和他那笔荒唐的交易抛到了脑后。突然一天下午,他来到我家,把头探进我的房间。

"我找到那个女孩了。"

"真的?"

"是的。你得来见见她。"

我俩跳上一辆公共汽车,朝市区进发。

那个女孩住在市中心一栋破旧的公寓楼里。我们找到她住的那栋楼,一个女孩从阳台上探出身子,挥手示意我们进去。汤姆告诉我,这是那个女孩的妹妹莱拉托。后来我才知道,他一直想和莱拉托交往,所以,安排我跟莱拉托的姐姐在一起,当然也是他接近莱拉托的一种手段。

门厅光线昏暗。电梯坏了,我们因此爬了好几层楼。莱拉托把我们带进公寓。客厅里有个非常非常胖的女人。

"这就是我的舞伴?"我知道汤姆爱开玩笑,于是故意问道。

"不,不,不,"他答道,"这不是你的舞伴。这是她的姐姐。你的舞伴是巴比吉。巴比吉有三个姐姐,莱拉托则是她的妹妹。巴比吉去商店买东西了。她很快就会回来。"

我们一边等待,一边和大姐聊天。10分钟后,门开了,一个女孩走了进来,她是我这辈子见过的最漂亮的女孩。她好像在发光。在我的高中,没有哪个女孩像她这么漂亮。

"嗨。"她说道。

"嗨。"我回应道。

我目瞪口呆。我不知道该怎么跟这么漂亮的女孩说话。幸好汤姆是个话痨。他及时开口,化解了尴尬。"特雷弗,这是巴比吉。巴比吉,这是特雷弗。"接下来,他继续夸我有多优秀,说巴比吉是多么期待舞会,我应该什么时候接她去舞会，以及其他各种关于舞会的琐事。

我们又待了一会儿，然后汤姆要走了，我们就朝门口走去。我们离开的时候，巴比吉转身朝我微笑着挥了挥手。

"再见。"

"再见。"

我们走出公寓楼的时候，我就是全世界最快乐的男人。

接下来的几周，我们又去了几次希尔布罗，跟巴比吉和她的姐姐以及朋友一起出去玩。巴比吉家是佩迪族，那是南非的一个小民族。我们把佩迪人叫作"amabhujua"。他们和大多数黑人一样穷，但他们努力表现得不穷。他们衣着时髦，装出很有钱的样子。佩迪人会分期购买衬衫，而且就只买一件衬衫，然后花七个月的时间付清分期款。他们虽然住在棚屋里，脚上却可能会穿着价值上千的意大利皮鞋。这真是个有趣的民族。

我和巴比吉从来没有单独约会过。我俩总是跟一群人待在一起。她很害羞，而我大部分时间都很紧张，但我们在一起时很开心。汤姆能让大家都放松下来好好玩。每次我们道别的时候，巴比吉都会给我一个拥抱，有一次她甚至轻轻吻了我一下。当时我仿佛置身天堂。

随着舞会的临近，我开始焦虑起来。我没有车。我没有像样的衣服。这是我第一次带漂亮女孩参加舞会，我希望一切都很完美。

亚伯的汽车修理厂倒闭后,他把工作地点搬到了家里。我们有个大院子,屋后还有个车库,这个车库基本上就成了他的新工作间。不论何时,我们的车道上、院子里和家门口的街道上都至少停着十到十五辆车,要么是正在维修的客户的车,要么是亚伯收来修补的报废车。

一天下午,我和汤姆一起待在我家。汤姆把我约会舞伴的事告诉了亚伯,而后者决定对我大方一把。他说我可以挑一辆车,开去参加舞会。

他的存货里有一辆红色马自达,已经放那有一段时间了,虽然看起来很垃圾,但开起来完全没问题。我以前借用过一次,但我真正想要的是亚伯的宝马。那辆宝马虽然像马自达一样又破又旧,但蹩脚的宝马依然是宝马。我求他让我开那辆宝马。

"没门儿。"

"求你了。这是我人生中最重要的时刻。求求你了。"

"不行。你可以开那辆马自达。"

这时,汤姆这个惯骗和交易高手开口帮腔了。

"亚伯大哥,"他说道,"我想你还不明白。如果你看到那个女孩,就会明白为什么这很重要。我们做个交易吧。如果我们把她带到这儿来,而你也认为她是你见过的最漂亮的女孩，那么你就让他开那辆宝马。"

亚伯认真想了想。

"好。成交。"

我们去到巴比吉的公寓，跟她说我父母想见她，然后就把她带到了我家。我们把她带到了后院的车库，亚伯和他的人正在那里修车。我和汤姆走过去，介绍他们彼此认识。

亚伯露出灿烂的笑容，一如既往的迷人。

"很高兴见到你。"他说道。

他们聊了几分钟。然后汤姆和巴比吉就走了。亚伯转身跟我说起了话。

"这就是那个女孩？"

"是的。"

"你可以开那辆宝马。"

有了车，我还迫切需要置办点行头。我要带出去的可是个迷恋时尚的女孩。除了那双添柏岚，我的其他衣服都糟透了。我衣柜里的选择极其有限，因为我总是去我妈让我去的商店买东西，而我妈并不热衷于花钱买衣服。她会带我去一些廉价服装店，告诉我我们的预算是多少，我就只能找一些不超过预算的衣服。

那时候的我对衣服一窍不通。我眼中的时尚概念来自一个叫"宝力豪"的服装品牌。那都是些举重运动员会在迈阿密或威尼斯海滩穿的衣服，基本就是宽松运动裤搭配宽松运动衫。这个品牌的商标是只体形健美的巨大的卡通斗牛犬，它戴着墨镜，叼着雪茄，展示着它的肌肉。我觉得宝力豪是世界上最糟糕的东西。我有宝力豪的全套行头，五套颜色不同的同款衣裤。这样很省事。裤子和上衣成套买回家，我就知道该怎么穿搭了。

邦哈尼是我CD生意的另一个中间商，他发现了舞会的秘密，就主动承担起了为我改头换面的工作。"你得提升形象，"他说道，"你不能就以现在的样子去参加舞会，这是为了她好，不是为了你。我们去买点衣服吧。"

我去找我妈，求她给我点钱。最后她终于大发慈悲，给了我2000兰特买套衣服。这是目前为止她给过我最多的一次钱。我告诉邦哈尼我只能花这么多钱，他表示我们能搞定。他告诉我，让自己看起来富有的诀窍在于只需拥有一件昂贵的东西，其余的买些基础款、表面光鲜的东西就行。漂亮的东西会吸引所有人的目光，让你看起来好像花了不少钱，但实际上你并没有那么多钱。

在我看来，没什么比《黑客帝国》里人人都穿的皮衣更酷的了。《黑客帝国》上映时我还在读高中，这是我当时最喜欢的电影。我喜欢尼奥。我打心底里认为：我就是尼奥。他是个书呆子。他外表看一事无成，而实际上却是个剽悍的超级英雄。我只需要有个神秘的光头黑人出现在我的生活中，给我指明道路。

我告诉邦哈尼，我想要一件基努·里维斯穿的那种长及脚踝的黑色皮衣。邦哈尼否定了我的想法："不，那太不实用了。皮衣很酷，但你永远没机会穿第二次。"我们还是买了一件长及小腿的黑色皮衣，现在看来有点可笑，但因为尼奥的缘故，当时那件衣服可是非常酷。光这一件衣服就花了1200兰特。然后我们又买了一条样式简单的黑裤子、一双仿麂皮方头鞋和一件乳白色的针织衫。

买好全套行头后，邦哈尼又盯着我巨大的爆炸头看了很长时间。我一直向往20世纪70年代迈克尔·杰克逊那样的爆炸头。但我的发型显然更像一蓬乱草：一点也不服帖，根本不可能梳理，梳起来就像有人拿干草叉在一堆杂草里乱戳一通。

"我们需要修整一下你的头发。"邦哈尼说道。

"你什么意思？"我问道，"我的头发就是这样。"

"不，我们得做点什么。"

邦哈尼住在亚历山德拉。他把我拖到那儿，我们跟在街角闲晃的几个女孩聊了几句。

"你觉得这个家伙的头发应该怎么弄一弄？"他问

她们。

女孩们打量了我一番。

"他头发挺多,"其中一个说道,"为什么不编个玉米辫?"

"对,"其他女孩附和道,"好主意!"

我说道:"什么?玉米辫?不行!"

"不,不,"她们说道,"编个试试。"

邦哈尼把我拖向街边的一家理发店。我们进去坐下。一个女人摸了摸我的头发,摇了摇头,转向邦哈尼。

"我没法打理这头绵羊,"她说道,"你得先把头发弄柔顺了。我这儿不做这个。"

邦哈尼拖着我去了第二家理发店。我坐在椅子上,另一个女人抓起我的头发,开始在上面涂一些白色的奶油状的东西。她戴着橡胶手套,不让自己的皮肤沾上化学软化剂,我当时就应该意识到,这也许不是个好主意。我的头上涂满软化剂后,她告诉我:"你必须让它在头发上尽可能长时间地停留。稍后你会有灼烧感。出现这种感觉的时候,告诉我,我们就把它洗掉。但你坚持的时间越长,头发就会变得越直。"

我不想出什么差错,于是坐在椅子上,老老实实地等啊,等啊。

她应该告诉我，开始感到刺痛的时候就要叫她，因为等到有灼烧感的时候，我的头皮都已经烧掉了好几块。她赶紧把我带到水池边，开始冲洗软化剂。而我当时还不知道，冲洗的时候，这种化学药剂才真正开始烧头皮。我感觉好像有人往我头上浇液态火。她帮我洗完头后，我的头上到处都是酸烧伤的痕迹。

我是理发店里唯一的男性顾客，其他的都是女人。这次经历让我认识到女性为了变美，通常要付出怎样的代价。她们为什么要这么做？我不禁想。这太可怕了。但这样做也确实有效果。我的头发变得笔直。

邦哈尼又把我拉回第一家理发店，那个女人终于同意给我编玉米辫。她手脚很慢，花了6个小时才编好。最后她说道："好了，你照照镜子吧。"她把我坐的椅子转了一下，我看向镜子……我从没见过这样的自己。这简直就像美国电影里改头换面的场景，在电影里，他们给傻乎乎的男孩或女孩弄弄头发，换身衣服，丑小鸭就变成了天鹅。我一直坚信自己永远不会有约会的机会，所以，我从来没有试着为哪个女孩打扮一番，因此，我不知道我也能丑小鸭变天鹅。发型很棒。从青春期开始，我的皮肤就饱受青春痘的折磨，我指的就是医学上称为"痤疮"的那种东西，皮肤一直不怎么好，但情况正在好转。一开始我的额头上长满脓疱——灌满脓液的大黑粉刺或白色粉刺,后来向下蔓延到两侧脸颊,接着是脖子,最后到处都是,现在这些脓疱已经消退成普通的青春痘。我看起来……也没那么糟糕了。

我回到家,当我进门的时候,我妈尖叫起来。

家里的每个人都喜欢我的新发型。

重要的夜晚终于到来。汤姆过来帮我准备。发型、衣服,完美搭配。穿搭好后,我们去找亚伯拿宝马车的钥匙,而就从那一刻开始,整个晚上都开始不对劲。

那天是周六,亚伯通常这天晚上都跟手下一起喝酒。我走到他的车库,一对上他的眼睛,我就知道:他喝醉了。

"啊,你看起来很帅!"他望着我,大笑着说道,"你要去哪儿?"

"我要去哪儿——亚比,我要去参加舞会。呃……能把车钥匙给我吗?"

"什么车?"

"那辆宝马。你答应过,我可以开那辆宝马去舞会。"

"先给我买些啤酒来。"他说道。

他给了我一串车钥匙,我和汤姆开车去了酒类专卖店。我给亚伯买了几箱啤酒,然后开车回家,把酒搬给了他。

"好了,"我说,"现在能开走那辆宝马了吗?"

"不行。"

"可是你答应过我。你说我能开那辆车。"

"是的,但我需要那辆车。"

我崩溃了。我跟汤姆一起坐在那儿,苦苦哀求了快半个小时。

最后,我们意识到不可能开走那辆宝马。我们开着那辆破旧的马自达去了巴比吉家。我迟到了一小时。她明显很不高兴。汤姆不得不进去说服她出门,幸好她最后终于出来了。

她身穿一条令人惊艳的红色连衣裙,比往常更加光彩照人,可是她的心情不是很好。我暗自恐慌起来,但表面上还是面露微笑,尽量保持绅士风度,充当一个称职的约会对象。我为她开了车门,称赞她今晚十分漂亮。汤姆和她的姐姐把我们送出门,我们开车出发。

然后,我就迷路了。舞会在镇上的一个场馆举行,我不是很熟悉那个地方,我一度完全开向了相反的方向,不知道开到了哪里。我在黑暗中开了一个小时,左转,右转,原路返回。

这一路我一直拼命给人打电话,想要弄清楚我在哪儿，找到正确方向。巴比吉坐在我旁边，全程保持沉默，无论对我还是这晚发生的事，显然完全无动于衷。我这一跤摔得很惨。

最后我终于搞清楚在哪儿了，我们到达舞会地点，迟了快两个小时。我停好车，跳出驾驶室，跑到她那一侧替她开门。我打开车门的时候，她仍然坐在车里。

"你准备好了吗？"我说道，"我们进去吧。"

"不。"

"但我们得进去。舞会在里面举行。"

"不。"

我又在车外站了20分钟，试图说服她进去参加舞会，可是她一直拒绝。她不愿意下车。

我不知道该怎么办，只好跑进舞场，找邦哈尼。

我们一起来到停车场，邦哈尼一看到巴比吉就魂不守舍了。"上帝啊！这是我见过的最漂亮的女人。你说她很漂亮，特雷弗，但这也太漂亮了吧。"这一瞬间，他完全忘记要帮我这回事了。他转身跑进舞场，召唤那些男孩子们，他们都跑来了停车场。大约有20个男孩子挤在车外。"哎，她太漂亮了！""老兄，这个女孩跟特雷弗一起来的？"男孩子们都痴痴地望着巴比吉，就好像她是动物园里的动物似的。他们嚷着要跟她一起拍照。他们从舞场叫来更多人。"这太不正常了！看看特雷弗的舞伴！不，不，不，你得过来看看！"

我感觉受到了羞辱。高中4年，我一直小心翼翼，避免因为这种浪漫情事而丢脸，可是现在，在毕业舞会的夜晚，我丢脸这事的风头远远盖过了舞会本身。

巴比吉坐在副驾驶座上，直直地看着前方，坚决不肯挪动一步。我站在车外，踱来踱去，心力交瘁。我的一个朋友偷偷带了一瓶白兰地参加舞会。"给你，"他说道，"喝几口。"这时候什么都不重要了，于是，我开始喝酒。我搞砸了。那女孩不喜欢我。今晚结束了。

大部分男孩最后都晃回了舞场。我坐在人行道上，大口灌着白兰地。不知什么时候，邦哈尼回到车旁，最后一次尝试说服巴比吉去参加舞会。过了一会儿，他的头从车上方探出来，一脸困惑的表情。

"哎，特雷弗，"他说道，"你的舞伴不说英语。"

"什么？"

"你的舞伴。她不会说英语。"

"不可能。"

我站起来，走到车旁。我用英语问了巴比吉一个问题，她茫然地看着我。

邦哈尼看向我。

"你怎么会不知道你的舞伴不会说英语。"

"我……我不知道。"

"你跟她说过话吗?"

"当然,我说——等等……我说过吗?"

我开始回想跟巴比吉待在一起的时光。我突然意识到,在我们一起度过的快乐时光中,我们从没真正互相说过话。我们的所有对话都是通过汤姆完成的。

汤姆!

汤姆答应过我,要给我找一个漂亮的舞伴,可是他从没承诺过这个舞伴还会有其他什么特别之处。我们在一起的时候,她总是跟汤姆说佩迪语,汤姆则跟我说英语。可是,巴比吉不会说英语,我不会说佩迪语。但亚伯会说佩迪语。他学会了好几种南非语言,以便跟不同客户打交道,所以他们见面时,他跟巴比吉交流顺畅。那一刻我意识到,除了"是""不是""嗨"和"再见",我的确从没有听她说过其他英语。

巴比吉很害羞,一开始就不怎么说话,而我又被她的美貌和她要当我的舞伴这件事给迷得神魂颠倒,我不知道还得跟她说话。跟她在一起的时候,我只是点头、微笑,说话的事都交给了汤姆。

这就是我跟一个女孩约会了一个多月,却从来没有跟她说过一句话的原因,而且我还确信这个女孩是我的第一个女朋友。

我的思绪又回到了今晚的事上,我从她的角度回顾了一遍整件事。她很可能一开始就不想和我一起参加舞会,她可能欠汤姆一个人情,而汤姆能说服任何人做任何事。然后,我让她等了1个小时,她不高兴了。接着,她坐进车里,而这是我们第一次单独相处,她意识到我甚至没法跟她聊天。我带着她绕来绕去,迷失在黑暗中。她很可能吓坏了。后来我们终于来到舞会地点,她却不会说其他人的语言。她也不认识其他任何人。她甚至都不认识我。

我和邦哈尼站在车外,彼此对视。我不知道该做些什么。我试着用我知道的语言跟她说话。可没一种语言有用。她只会说佩迪语。我彻底绝望了,甚至开始朝她比画起手势。

"求求你。你。我。进去。跳舞。好吗?"

"不。"

于是,我没能参加我的毕业舞会。我一整晚都待在停车场。舞会结束时,我钻进破旧的红色马自达,载着巴比吉回家了。我们一路保持着尴尬的沉默。

我把车开到希尔布罗的公寓前,停下车,在车里坐了一会儿,琢磨该用怎样礼貌而绅士的方式结束这个夜晚。

突然之间,她俯身给了我一个吻。就是那种真正的吻,一个恰到好处的吻。这个吻让我忘记了刚刚发生的所有灾难。我不知所措。我不知道应该做些什么。她起身退后,我凝视着她的眼睛,心想:我完全不懂女孩的心思。

我下了车,走到她那一侧,替她打开车门。她整理了一下裙子,走了出来,朝她的公寓走去,就在她转身要走的时候,我最后朝她挥了挥手。

"再见。"

"再见。"

第三部分

* * *

在德国，孩子们高中毕业前都要了解有关大屠杀的历史。他们不仅要了解有关大屠杀的史实，还要知道大屠杀是如何发生的，为什么会发生及其严重性——大屠杀意味着什么。因此，德国人在成长的过程中对于大屠杀有了比较正确的认知，并且心怀歉意。针对殖民主义的知识学习，英国学校在某种程度上也采取了相同的教育方式。不过，他们总是以一种暧昧不明的态度教授大英帝国历史。"好吧，现在看来，那是一段不体面的历史，是吧？"

在南非，没人以这种方式讲述种族隔离的残忍。既没有人教我们如何评价这段历史，也没有人教我们应该为此感到羞愧。老师们以美国人的方式教授这段历史。在美国他们这样教授种族主义的历史："曾经有过奴隶制，后来出现了吉姆·克劳法，然后又有了马丁·路德·金，现在一切都结束了。"我们也一样。"种族隔离不好。纳尔逊·曼德拉被释放了。我们向前看吧。"虽然说的都是事实，但却少得可怜，而且从来没有从情感或道德层面展开教育。老师们——大部分是白人——好像收到了一个指令："教什么都行，但不能让孩子们生气。"

* * *

14 跳起来，希特勒！

我上九年级的时候，有 3 个中国孩子转学到了桑德林汉姆高中。我们给其中一个孩子起了个绰号叫"博洛"，因为他长得很像尚格·云顿主演的电影《血点》里的角色杨博洛。

我认识博洛是因为他是我的小卖部客户之一。博洛的父母都是职业盗版贩子。他们盗版电子游戏，然后在跳蚤市场出售。作为盗版贩子的儿子，博洛子承父业——他开始在学校附近卖盗版的 PlayStation 游戏。孩子们把自己的 PlayStation 游戏机给他，几天后他再把游戏机还给他们，而这时的机子里都安装了一个芯片，能让他们玩盗版游戏，而他就靠卖这些盗版游戏挣钱。博洛跟一个名叫安德鲁的白人小孩是朋友，安德鲁也做盗版生意，他卖盗版

CD。安德鲁比我高两级,是个真正的电脑极客。他甚至有一台CD刻录机,那时候还没人有这玩意。

一天,我在小卖部附近无意中听到安德鲁和博洛吐槽学校里的黑人孩子们。黑人孩子们发现可以直接拿走安德鲁和博洛的货,对他们说一句"我以后再给钱",然后就可以不用付钱了,因为安德鲁和博洛很怕黑人,不敢去找他们要钱。我靠近他们,说道:"听着,你们没必要生气。黑人没钱,所以,我们就想用更少的钱得到更多的东西。让我来帮你们吧。我可以当你们的中间商。你把货给我,我来卖,同时负责收钱。作为回报,你们给我点销售提成。"他们当时就对我的提议表示赞同,我们就此成为合作伙伴。

身为小卖部男孩,我拥有先天优势。我已经建立起我的生意网络。我所要做的就是让新生意实现无缝对接。靠着卖CD和电子游戏赚的钱,我能攒一些钱,给自己的电脑添置新组件和内存。电脑极客安德鲁教我该怎么做,哪里能买到最便宜的组件,怎么组装、怎么修理。他还向我展示了他的生意经,教我怎么下载音乐,去哪里批发可以重新刻录的CD。我唯一缺的是CD刻录机,因为那是最贵的东西。

我为博洛和安德鲁做了一年的中间商。后来博洛退学了，有传闻说他的父母被抓了。从那时开始，我就只为安德鲁做事，然后在他即将读大学的时候，他决定"金盆洗手"。"特雷弗，"他对我说，"你一直是个忠诚的合作伙伴。"为了表示感谢，他把他的 CD 刻录机送给了我。这改变了我的人生。感谢安德鲁，我现在控制了生产、销售、分销三条线——我拥有了垄断盗版生意所需要的一切。

我天生就是资本家。我喜欢卖东西，我卖的东西人人都想要，并且没有其他人可以提供这些东西。我的唱片卖 30 兰特，大约相当于 3 美元。商店里一张普通 CD 要卖 100 到 150 兰特。只要人们开始从我这买 CD，就不愿再买正版 CD 了，我这的价格实在太划算。我有做生意的天赋，但当时我对音乐是一窍不通，对于一个经营音乐盗版生意的人来说，这的确有点奇怪。我唯一懂点的音乐还是来自教堂的基督教音乐，这是我们家唯一允许播放的音乐。安德鲁给我的是 1x CD 刻录机，也就是说它是按照播放的速度进行刻录。每天放学后，我都会在我的房间里坐上五六个小时，刻录 CD。我有自创的环绕立体声系统，我从亚伯放在院子里的废物中淘出一些废旧车载音箱，然后把它们绑在房间的各个角落。虽然播放 CD 的时候我不得不坐在那里等着，但很长一段时间里，我并没有真正去听它们。

多亏了互联网，我可以获得任何信息。我从不评判任何人的音乐品味。你想要涅槃乐队的新歌,我就给你涅槃乐队的新歌。你想要说唱歌手 DMX 的新歌,我就给你 DMX 的新歌。南非本土音乐很受欢迎,但大家趋之若鹜的还是嘻哈和节奏布鲁斯等美国黑人音乐。锯齿边缘乐队大受欢迎,112 组合也有很多人追捧。我卖了很多蒙特尔·乔丹的 CD。

刚开始的时候,我用的是拨号上网和一个 24K 的调制解调器。一开始下载一张专辑需要一天时间。但科技在不断进步,我也不停对生意进行再投资。我升级了一个 56K 的调制解调器。我买了速度更快的 CD 刻录机,以及支持多重录制的 CD 刻录机。我开始下载更多音乐,复制更多音乐,也销售更多盗版 CD。这时我有了两个为我干活的中间商,他们就是我的朋友汤姆和邦哈尼。

一天,邦哈尼来找我,说:"你知道什么能赚很多钱吗?与其复制整张专辑,不如把不同专辑中最热门的歌放到一张 CD 上,因为大家只想听自己喜欢的歌。"这听起来是个好主意,于是我开始制作混曲 CD。几周后,邦哈尼又来找我说:"你能不能弱化上一首歌结尾时的音乐,自然融入下一首歌,这样每首歌之间就能流畅地衔接上,节奏不会断掉?这样就好像 DJ 整晚打碟一样。"这听起来也是个好主意。我下载了一个叫作"分钟节奏"的程序。它的图标看上去就像两张叠放在一起的黑胶唱片,我可以对歌曲进行混音和弱化音效,基本上可以做到 DJ 现场能做的一切。我开始制作派对音乐 CD,这些 CD 变得非常抢手。

我的生意十分红火。到毕业的时候,我已经可以过得很舒服,因为我每周可以赚 500 兰特。换个角度来看这件事你或许就能更好地理解了:现在南非还有女佣挣的不如我当时赚得多。如果你要用这些钱来养家,的确不太够,但对于住在家里没什么开销的 16 岁的我来说,简直是过上了梦想的生活。

我人生中第一次富有了,这是世界上最自由的事情。关于钱,我学到的第一课就是它能给你选择权。人们不想变得富有。他们希望能有选择权。但你越有钱,就有越多的选择机会。这就是金钱带来的自由。

有了钱,我体验到了全新的自由:我去了麦当劳。美国人理解不了这种行为,但是当第三世界国家开了一家美国连锁店时,人们会像疯了一样进去消费。直到今天这种情况也没有改变。2013 年,汉堡王在南非首次开业,人们在大街上大排长龙。这是了不得的大事。每个人都在说:"我必须去吃汉堡王。你听说过吗?它来自美国。"有意思的是,跑去排队的只有白人。白人为汉堡王疯狂。黑人则是一副随便那是什么的态度。黑人不需要汉堡王。我们的心里装着肯德基和麦当劳。有一段时间，南非的麦当劳比世界上任何一个国家都多。曼德拉带来了自由，自由带来了麦当劳。我们搬到高地北后不久，在离我家两个街区的地方开了一家麦当劳，但我妈永远不会带我们去那吃东西。所以当我可以用我自己的钱的时候，我就想：去那吃。我准备大吃一顿。当时他们还没有"超大号"套餐，"大号"就是最大的。我走到点餐台前，深深为自己感到骄傲，我放下钱，说道："我要一个大号 1 号套餐。"

我爱上了麦当劳。对于我来说，麦当劳吃起来就是美国的味道。麦当劳就是美国。你可以看到它的广告，看起来棒极了。你渴望得到它。你想要买它。你咬下第一口，心花怒放。它比你想的还要好。然后，吃到一半的时候，你发现它没那么好吃。又咬了几口后，你就觉得，呃，不太对劲。等到你吃完后，又开始疯狂想念它，你又会回去买更多。

尝过美国的滋味后，我就再也不在家吃饭。

生活很美好，如果没有安德鲁，这一切都不会发生。如果没有他，我就不会掌握盗版音乐业务，过上可以无限畅享麦当劳的生活。从小的方面看，他的所作所为让我看到在人们遭受压迫之后，给予那些被剥夺了权利、无依无靠的人权利是多么重要。安德鲁是白人。他的家人能够接受教育,享有各种资源和电脑。一直以来,他家的人都能上大学,而我家的人只能挤在茅草屋里唱着:"二二得四。二三得六。啦啦啦啦啦。"他的家人认为理所应当享有的东西正是我的家人被剥夺的东西。我有卖东西的天赋,但是如果我没有知识和资源,这对我来说又有多大好处呢?人们总是告诫穷人:"要对自己负责!要有所作为!"可是,穷人能凭借什么来出人头地呢?

人们喜欢说:"授人以鱼不如授人以渔。"但他们没有说的是:"如果你能给他一根鱼竿就好了。"这是这个比喻中缺失的部分。和安德鲁一起工作,让我第一次意识到,你需要一个来自特权世界的人对你说:"好吧,你需要这些,这是它的运作方式。"如果安德鲁没有给我 CD 刻录机,单凭天赋我将一事无成。人们或许会说:"哦,那不过是施舍。"没那么简单。就算有了它,我也还得自力更生。但如果没有它,我连一点机会都没有。

一天下午,我正在我的房间里制作 CD,邦哈尼到我家来取货。他看到我在电脑上混制歌曲。

"这太疯狂了,"他说道,"你可以直接放着音乐这么干?"

"是的。"

"特雷弗，我觉得你还不清楚状况，你可是坐在一座金矿上。我们要给一堆人做这个。你得去镇上，进行现场DJ表演。以前没人见过DJ现场用电脑混歌。"

邦哈尼住在亚历山德拉。如果说索韦托是政府规划的杂乱无章的贫民窟，亚历山德拉就是一个挤满临时搭建的简陋住所的小贫民区，是种族隔离的遗留产物。一排排煤渣砖和瓦楞铁皮搭建的棚屋几乎是堆叠在一起。人们将其戏称为《圣经》中的蛾摩拉城，因为那里有最狂野的派对和最恶劣的犯罪。

街头派对是亚历山德拉最棒的产物。你只要在路中间搭个帐篷，占上整条街，就可以开派对了。没有什么正式邀请或客人名单。你只要告诉几个人，然后靠着口耳相传，派对上就会出现一堆人。不需要什么许可证，压根没有这样的东西。如果你有帐篷，就有权在街上开派对。来往的汽车慢慢开到十字路口，司机们会看到派对挡了路，他们就耸耸肩，然后掉头另寻他路。没人着急上火。唯一的规矩是，如果你在别人家门前开派对，他们可以来分享你的酒。除非有人在派对上遭到枪击或是有人被酒瓶砸了脸，不然派对就不会结束。派对必须以这样的方式结束，不然，它就不是派对。

那时候，大多数DJ只能表演几个小时，因为他们能购买的黑胶唱片数量有限。因为派对会持续一整晚,你可能需要五六个DJ轮番上阵,才能保证人们舞步不停。但我有个巨大的硬盘,里面装满了MP3音乐,这也是邦哈尼看见我混歌时异常兴奋的原因——他看见了垄断市场的方法。

从桑德林汉姆高中毕业的那一年的跨年派对上,我们进行了第一次表演。我和邦哈尼带上了我的机箱、巨大的显示器和电线、键盘、鼠标所有这些东西。我们把所有东西装上了一辆面包车,把它们拉到了亚历山德拉。我们占领了邦哈尼家门前的街道,从他家接出电线,装好电脑,装好音箱,借来帐篷,人们就来了。现场效果简直炸了。到午夜时分,整条街从街头到街尾挤满了人。那一年,我们的跨年派对是亚历山德拉规模最大的,在亚历山德拉举办最大的派对可不是闹着玩的。那一整晚,人们一直从四面八方涌来。大家都在传:"有个浅肤色的家伙在电脑上放音乐。你从来没见过那样的东西。"我一个人做DJ的活儿一直做到黎明时分。那时我和我的朋友们已经筋疲力尽,直接在邦哈尼家门外的草坪上昏睡了过去。这场盛况空前的派对立刻让我们在贫民区声名鹊起。我们很快就收到了来自各个地方的邀请。

这当然是件好事。

我和邦哈尼高中毕业后就找不到工作。没有什么工作是为我们准备的。我唯一的赚钱方法就是卖盗版 CD 和当派对 DJ，现在我已经从桑德林汉姆高中毕业，亚历山德拉的小巴司机和街头小孩就成了我最大的 CD 市场。亚历山德拉也是我演出最多的地方，所以为了继续赚钱，我自然就继续这样做了下去。我认识的大多数白人孩子都在过间隔年。"我要过个间隔年，准备去欧洲。"白人孩子们会这么说。于是我也说："我也一样，要过个间隔年。我打算花一年时间去镇上，在街头闲晃。"我也的确说到做到。

邦哈尼家门前的路中间有一面矮砖墙，每天我、邦哈尼和其他伙伴们都会爬到墙上坐着。我会带着我的 CD。我们一边放音乐，一边练习跳舞。我们白天忙着卖 CD，晚上忙着做派对 DJ。

多亏了我的电脑和调制解调器，我才能下到没多少人听过的独家曲目，但这也带来一个问题。只有当人们知道如何随着音乐翩翩起舞的时候，新的音乐才能在派对上发挥作用。邦哈尼决定，我们得成立一支舞蹈队，向人们演示如何随着我们的音乐起舞。因为我们白天除了听 CD，别的什么都不做，所以我们的街头小组成员已经熟悉了所有曲子，他们因此成为我们的舞蹈队员。而其中长得最帅、跳得最好的无疑是邦哈尼的邻居希特勒。

希特勒是我的好朋友，而且，天哪，这家伙还很会跳舞。看他跳舞的样子会让人着迷。他动作放松，舞步流畅，简直有违物理学原理，想象一下水母在陆地上行走的样子，你就知道我在说什么了。他长得也非常帅气，身材高挑，身体柔韧，肌肉发达，皮肤光滑漂亮，大大的牙齿，笑容灿烂，而且总是在笑。他全身心投入舞蹈。早上起来，他就开始放浩室音乐或嘻哈音乐，然后一整天都练习舞步。

当我和邦哈尼为我们的舞蹈队编舞的时候，谁会是队中的明星就不言而喻了。我们围绕着希特勒设计了这套流程。我先放几首歌暖场，然后舞蹈队上场跳几曲。一旦他们将派对气氛调动起来，就会在舞台上呈扇形排开，扇尾处会留一个口子，方便希特勒出场。这时我会调高音量，播放歌手雷德曼的《让我们躁起来》，同时将现场气氛炒得更热。"你们准备好了吗？！我听不到你们的声音！让我听到你们的声音！"人们会开始尖叫，希特勒这时会跳到扇形队列的中央，人们彻底疯狂起来。希特勒开始跳舞，围着他的舞伴们则在一旁呐喊助威。"跳起来，希特勒！跳起来，希特勒！跳起来，希特勒！跳起来，希特勒！"因为这首歌是嘻哈音乐，舞者们会将手臂向前伸，手掌放平，随着节奏上下摆动。"跳起来，希特勒！跳起来，希

特勒！跳起来，希特勒！跳起来，希特勒！"我们会让所有人疯狂舞动起来，上千人在街上挥舞着手臂，高声齐呼："跳起来，希特勒！跳起来，希特勒！跳起来，希特勒！跳起来，希特勒！"

希特勒这个名字虽然不常见，但在南非还是有人叫这个名字。这与很多黑人取名字的方式有一定关系。黑人选择他们的传统名字时非常谨慎，这些名字都有着深刻的个人意义。但是从殖民时期到种族隔离时期，南非的黑人被要求必须还要取个英文名或欧洲名——基本上就是能让白人正常发音的名字。于是，你的名字就由英文名、传统名和姓氏组成：帕特丽夏·努拜因赛罗·诺亚。你的欧洲名十有八九是随便取的，通常是从《圣经》、好莱坞明星或新闻上政客的名字中选一个。我认识给自己取名墨索里尼和拿破仑的家伙。当然，还有希特勒。

西方人对此感到震惊和不解，但这确实是西方人自食其果的范例。殖民列强瓜分了非洲，让黑人去劳作，却没有对他们进行适当的教育。白人不跟黑人说话。那么，黑人怎么会知道白人的世界发生了什么呢？正因为如此，南非很多黑人并不知道希特勒是什么人。我的外公认为"希特勒"是一种帮助德国赢得战争的陆军坦克。因为那是他从新闻中拼凑起来的信息。对于很多南非黑人而言，二战就是有个叫"希特勒"的人,他就是同盟国战败的原因。这个希特勒非常强大,有时候黑人不得不去帮助白人对付他,而如果白人不得不屈尊请求黑人帮忙对付某个人,这个人一定是史上最强悍的人。所以,如果你想让你的狗变得强悍,就给它取名"希特勒"。如果你想你的孩子变得强悍,就给他取名"希特勒"。你还很可能会有个叫"希特勒"的叔叔。这只是种取名习惯而已。

在桑德林汉姆高中的时候,我们比镇上的黑人孩子学到更多关于二战的知识,但也还只是一些基础知识。没人教我们批判性地思考希特勒、反犹太主义和大屠杀。例如,没人告诉我们种族隔离制度的创建者们是希特勒的狂热粉丝,从某方面而言,他们实施的种族主义政策就是受到了第三帝国种族主义政策的启发。没人教我们如何思考希特勒与我们所生活的世界之间的关系。没人教我们思考,就是这样。他们只是告诉我们,1939年希特勒入侵波兰,1941年入侵苏联,1943年他又做了别的事情。他们只教我们一些史实。记住它们,考试时写出来,然后就忘记。

还应该考虑一下这一点:希特勒这个名字并没有冒犯南非黑人,因为希特勒并不是南非黑人所能想象到的最糟糕的事情。每个国家的人都认为自己国家的历史最重要,西方人尤其这么认为。但是,如果南非黑人能回到过去杀一个人，塞西尔·罗兹[1]会排在希特勒前面。如果刚果人能回到过去杀一个人，比利时国王利奥波德二世会排在希特勒前面。如果美洲原住民能回到过去杀一个人，这个人很有可能是克里斯托弗·哥伦布或安德鲁·杰克逊[2]。

我在西方国家经常遇到一些人，他们坚持认为大屠杀是人类历史上最残忍的暴行，这一点毋庸置疑。是的，大屠杀很可怕。但是，我常想，发生在刚果的那类非洲暴行，又该有多可怕呢？犹太人有证明文献，而非洲人没有。纳粹一丝不苟地保存各种记录，拍照片，拍电影。归根结底这就是两者的不同之处。大屠杀遇难者有数可查，因为希特勒清点了死亡人数。600万人死于大屠杀。看到这个数字，我们都有理由惊骇不已。但当你阅读针对非洲人的暴行历史时，没有数字记录，只有各种猜测。凭空猜测的东西很难吓坏你。当葡萄牙和比利时对安哥拉和刚果进行掠夺时，他们并没有计算屠杀的黑人的数量。有多少黑人在刚果收割橡胶时死亡？在德兰士瓦省的金矿和钻石矿里又有多少黑人丧命？

---

[1] 塞西尔·罗兹（1853—1902），南非钻石大王、金融家和政治家。他是英国最出名的帝国主义者之一，鼓吹"英国真正的目标和方向就是要扩大不列颠在全世界的统治"，也是英布战争的罪魁。
[2] 安德鲁·杰克逊（1767—1845），美国第7任总统，作风强硬，绰号"印第安人杀手"。

所以在欧洲和美国,希特勒的确是历史上最可怕的疯子。而在非洲,他不过是历史书上的某个铁腕人物。在我和希特勒玩在一起的时间里,我从没有问过我自己:"他为什么取名叫希特勒?"他的名字是希特勒,因为他的妈妈给他取名叫希特勒。

我和邦哈尼在DJ团队中加入舞者之后,取得了空前成功。成功的黑人家庭会搬到郊区生活,但他们的孩子仍然想办街头派对,与小镇文化保持某种联系,于是他们会邀请我们为其派对助兴。我们的口碑迅速传播开来。我们很快就收到越来越多来自郊区的邀请,并在那里见到了很多白人,也开始为白人表演。

我们认识了镇上的一个孩子,他的妈妈参与了为各个学校创办文化项目的活动。在美国,这些项目被称为"多元文化项目"。这样的项目在南非遍地开花,因为在这个后种族隔离时代,我们应该相互学习和接纳彼此的文化。林克斯菲尔德的一所学校要举办文化日活动,这个孩子的妈妈问我们是否愿意去表演。林克斯菲尔德是桑德林汉姆以南的一个富裕郊区,我的朋友泰迪曾经就住在那里。文化日活动期间,会有各种各样的舞蹈表演和音乐活动,所有人聚在一起玩耍,了解彼此的文化。她表示会付钱给我们,于是我们答应去表演。她把时间、地点和学校的名字发给了我们：大卫王学校。这是一所犹太人的学校。

活动那天，我们预定了一辆小巴，把我们的装备装上车，开车过去。到了学校，我们一边在学校礼堂等候上场，一边欣赏舞台上其他人的表演：弗拉明戈舞者，希腊舞者，传统祖鲁音乐家。然后，轮到我们上场。我们被标榜为嘻哈潘苏拉舞者——南非嘻哈乐队。我们在舞台上安装好音响系统。我向台下望去，礼堂里全是头戴圆顶小帽的犹太孩子，翘首等待着派对开始。

我拿起麦克风。"你们准备好开始摇滚了吗？"

"好了！"

"让我听到你们的声音！"

"好了！"

我开始播放音乐。贝斯的声音撞击人心，我的团队开始跳舞，所有人都乐在其中。老师、监护人、家长和几百个孩子都在疯狂舞蹈。我们的演出时间是 15 分钟，在表演进行了大约 10 分钟的时候，我准备播放《让我们躁起来》，并请出了我们的明星舞者。

我开始放歌，舞者们呈扇形排开，我拿起麦克风。

"你们准备好了吗？"

"好了！"

"你们还没准备好！你们准备好了吗？！"

"好了！！！"

"很好！现在把这事放一边，让我们给希－特－勒一点尖叫！！！"

希特勒跳到扇形队列中央，开始舞动全场。围着他的舞伴们都在叫："跳起来，希特勒！跳起来，希特勒！跳起来，希特勒！跳起来，希特勒！"他们向前伸出手臂，随着节奏摆动。"跳起来，希特勒！跳起来，希特勒！跳起来，希特勒！跳起来，希特勒！"我也用麦克风引导他们。"跳起来，希特勒！跳起来，希特勒！跳起来，希特勒！跳起来，希特勒！"

这时，整个礼堂仿佛静止下来。没有一个人跳舞。老师、监护人、家长和几百个头戴圆顶小帽的犹太孩子——他们都呆立在原地，惊恐地盯着舞台上的我们。我完全没意识到现场的反应。希特勒也一样。我们继续又跳又叫。整整30秒的时间里，礼堂里唯一的声音就是音乐的节拍和麦克风里传出的我的叫喊声："跳起来，希特勒！跳起来，希特勒！跳起来，希特勒！为希特勒举起你的双手，哟！"

一个老师冲上舞台，跑到我身后，一把拔掉墙上的音箱插头。礼堂里鸦雀无声，她转身看向我，面色铁青。"你怎么敢这么做？！你这个可怕、恶心、卑鄙的东西！你怎么敢？！"

我的大脑飞速转动，想弄明白她在说什么。咔嗒，我想到了。希特勒有一个特别的舞蹈动作：他会扭动臀部，做出向前挺进的动作。老师冲上台的时候，他正在做这个动作，所以很明显，她是对这个舞蹈动作感到恶心。但非洲人跳舞时一直都有这个动作。这是我们文化的一部分。我们正在文化日分享我们的文化，而这个女人竟然说我们恶心。她觉得受到了冒犯，我也因为她的冒犯行为感觉受到了冒犯。

"女士，"我说道，"我觉得你需要冷静。"

"我不会冷静！你怎么敢来这里侮辱我们？！"

"这不是在侮辱任何人。这是我们的文化！"

"滚出去！你们这些人让人恶心。"

这个词来了。你们这些人。现在我明白是怎么回事了：这位女士是种族主义者。她看到黑人跳一些挑逗性的动作就会生气。我一边收拾装备，一边继续跟她争吵。

"听着，女士。我们现在自由了。我们要做我们想做的事情。你不能阻止我们。"

"我要让你知道，我们的人以前阻止过像你这样的人，我们可以再次阻止你们。"

她当然是在说在二战中阻止纳粹，但这话传到我耳朵里就不是这个意思了。南非的犹太人就是白人。我只听到一个白人女人在大声嚷嚷，说白人以前是怎么打败我们的，而且他们还会再次打败我们。于是我说道："你们绝不可能再次打败我们，女士！"——接着我甩出了王牌——"你们绝不可能阻止我们，因为现在我们有纳尔逊·曼德拉！他告诉我们，我们可以这样做！"

"什么？！"

她彻底糊涂了。我占据上风。

我的团队没有走着出学校。我们舞出了学校。我们在街上挥动着拳头，放肆舞蹈。"跳起来，希特勒！跳起来，希特勒！跳起来，希特勒！跳起来，希特勒！"因为希特勒终结了演出。希特勒跳出了最邪恶的舞步，那些白人根本不知道到底是什么打击了他们。

* * *

亚历山德拉原本是个农场，是以农场主妻子的名字命名。在种族隔离之前，像索菲亚镇和其他散布在白人聚居区附近的黑人聚居地一样，亚历山德拉一开始也是个非法聚居点，黑人来约翰内斯堡找工作的时候，就聚居在这里。亚历山德拉的独特之处在于，这个农场主在黑人还能合法拥有财产的年代，将这片土地卖给了一些黑人佃户。因此，当索菲亚镇和其他黑人贫民区被夷为平地，重建为白人郊区时，生活在亚历山德拉的黑人奋起抗争，坚持不懈，牢牢捍卫自己的生存权。在它周围，桑顿那样的富裕白人郊区纷纷拔地而起，亚历山德拉依然如故。

民主到来的时候，人们纷纷从黑人家园涌向亚历山德拉，在其他棚屋的后院建造新的棚屋，而这些棚屋的后面又搭建了更多棚屋，棚屋越来越密集，越来越拥挤，区区几平方公里的土地上挤进了将近20万人。即使今天再去亚历山德拉，你会发现这里没有丝毫改变。它无法改变。它根本没有改变的空间。它是什么样，就只能是什么样。

* * *

15 芝士男孩

我的朋友邦哈尼个子很矮,顶着个光头,身材超级健壮。他并不是一直这样。他之前一直骨瘦如柴,后来他不知从哪弄到一本健美杂志,这本杂志改变了他的人生。邦哈尼是那种能从每个人身上看到优点的人。他信任朋友,能从你身上发现别人没有看到的潜力,很多镇上的孩子都被他这一点吸引,我也因此爱跟他一起玩。邦哈尼一直很受欢迎,但在他狠揍了学校里一个声名狼藉的恶霸之后,才真正声名远扬。他以此巩固了在镇上孩子们中领袖和保护者的地位。

邦哈尼住在亚历山德拉,但我们还在上学的时候,我从来没去那里找过他,总是他来我们在高地北的家找我。我去过亚历山德拉几次,只是短暂拜访,从没有在那里好好待过。这么说吧,我从没有在晚上去过那里。白天去亚历山德拉和晚上去可不是一回事儿。那个地方被戏称为"蛾摩拉"是有原因的。

就在我们毕业前不久,一天放学后在校园里,邦哈尼向我走来。

"嘿,我们一起去街区吧。"他说道。

"街区?"

一开始我不知道他在说什么。我从说唱歌音乐里听到过"街区"这个词,我也知道黑人生活的小镇各有不同,但我从来没用这个词形容过另一个黑人小镇。

种族隔离的墙倒塌的时候,美国嘻哈音乐正大行其道,嘻哈音乐让出身小镇变成一件很酷的事。在此之前,生活在小镇是令人羞耻的事,相当于出生在社会底层的底层。后来出现了《街区男孩》和《威胁2:社会》这样的电影,它们让街区看起来很酷。电影和主题曲里的角色都以此为傲。小镇孩子们开始纷纷效仿,将自己的小镇出身当成荣誉勋章:你不再是来自小镇,而是来自街区。住在亚历山德拉比住在高地北更受年轻人追捧。所以,当邦哈尼说"我们一起去街区"的时候,我很好奇他这么说到底是什么意思。

邦哈尼带我去亚历山德拉的时候，我们像大多数人那样，经桑顿进入镇子。你从约翰内斯堡最富裕的社区之一穿过，眼前掠过一栋栋宫殿似的豪宅，见识到巨大的财富。然后你经过韦恩堡的工业带，这条工业带将富人、白人和穷人、黑人隔离开来。在进入亚历山德拉的路口处，有一个公共汽车站，停着长长的一排小巴。它和你在詹姆斯·邦德和杰森·伯恩的电影中看到的第三世界国家的市集一样，熙熙攘攘，混乱不堪。所有一切都生机勃勃。所有一切都在运动。这里好像不存在什么昨天的东西，也没什么东西能延续到明天，但这里的每一天看起来又都完全一样。

小巴队列旁边当然是一家肯德基。这是南非特色：到哪都有肯德基。肯德基找到了黑人兄弟。肯德基不玩花招。它们比麦当劳、汉堡王和任何其他品牌更早进入街区。肯德基就像在说："哟，我们在这里等你。"

走过小巴队列，你就真正进入了亚历山德拉。这里就是人类活动的蜂巢，一整天都人来人往，帮派横行街头，街角聚集着无所事事的家伙们，孩子们到处乱跑。所有这些能量无处释放，无处消解，于是就通过规模空前的暴力行为和疯狂的派对加以宣泄。上一分钟还是风平浪静的下午，人们四处闲逛，忙着自己的事情，下一分钟你就会看到一辆警车从街上飞驰而过，四处追捕帮派分子，街头开始枪战，头顶直升机盘旋。然后，大约10分钟后，大街上又像什么都没发生过一样。

亚历山德拉的布局就像一个网格，大街小巷纵横交错。街道都铺砌过，但是人行道大多还是土路。煤渣砖和瓦楞铁皮所呈现的灰色和深灰色构成了小镇主色调，间或点缀着几笔明亮的色彩。有人把墙刷上柠檬绿色，或是外卖店的上方挂着一个亮红色的招牌，又或者是有人碰巧捡到一块亮蓝色的金属片。这里几乎没有基础卫生设施。到处都是垃圾，小巷子里随处可见燃烧的垃圾。街区里总有什么东西在燃烧。

走在路上，你可以闻到你能想得到的任何气味。人们在大街上做饭、吃外卖。一些人家在别人家棚屋后面草草搭了间棚屋，他们没有自来水可用，于是他们就用桶从户外的水龙头接水洗澡，然后把这桶脏水倒在街上，这些脏水会汇入早已存在的地上污水河中，因为下水道又堵了。有个修车的家伙觉得知道自己在做什么，但其实他并不知道。他把旧机油倒在街上，现在，机油和脏兮兮的洗澡水混在一起，形成一条脏河，在大街上流淌。街上很有可能还游荡着一只山羊，总有山羊在街上游荡。走在路上，会有各种声音冲击你的耳膜，它们是持续不断的人类活动发出的各种杂音，人们用十几种不同的语言交谈、聊天、讨价还价、互相争吵。在街上总能听到音乐声。某个街角传来传统南非音乐，有人在下个街角高唱多莉·帕顿的歌，还有人车上放着声名狼藉的 B.I.G.[1] 的歌从你身旁驶过。

街区完全超出了我的感官承受能力，但它其实乱中有序，自成体系，它有一套以你住的地方为基础划分的社会等级体系。第一大道一点也不酷，因为它紧挨着乱糟糟的小巴站。第二大道挺好，因为这里有一些洋房，它们是在这里还算正式定居点的时候修建的。就这个小镇而言，第三、第四和第五大道就更好了。这些地方聚集了一些历史悠久的家庭，都是老钱家族。从第六大道往下，有更多棚屋和简陋木屋。那里有一些学校，几个足球场。那里还有几家旅馆，是政府为移民工人修建的大型居住项目。你绝不会想去那里。那里才真是暴徒横行的地方。

穿过第二十大道，就来到朱克斯凯河畔，从河的另一端走过罗斯福街大桥，就来到东岸，那是街区最新、最好的地方。东岸是政府所在地，他们清除了非法聚居者及其棚屋，开始建造真正的房子。虽然那些仍然是低收入家庭住宅，但却是带小院子的体面两居室。住在那里的家庭有

---

1 美国说唱、嘻哈歌手，本名克里斯托弗·华莱士。

点钱，通常会把孩子送到桑德林汉姆高中这种街区以外的更好的学校读书。邦哈尼的父母住在东岸，他家就在罗斯福街和斯普林伯克新月街的拐角处，我们从小巴站穿过整个街区，就到了这里。我们在他家门口闲晃，爬上斯普林伯克新月街中央的低矮砖墙墙头，什么都不做，就闲扯瞎聊。当时我并不知道接下来的3年我都会在这个地方度过。

17岁那年我高中毕业，那时由于继父的影响，家里的生活变得一团糟。我不想再待在家里，我妈妈也觉得我应该搬出去。她帮我搬到了一间满地蟑螂的便宜公寓里，公寓大楼就在我家所在的街道的另一头。我目前的计划是上大学，成为一名计算机程序员，但我们付不起学费。我要赚钱。我知道的赚钱的唯一方法就是卖盗版CD，而卖CD的最佳地点之一就是街区，因为那里有小巴站。小巴司机总是在找新歌，因为新潮音乐是他们招徕顾客的手段。

街区的另一个优点是，那里的东西超级便宜。你几乎不用花什么钱就能过活。你能吃到一种叫"科塔"的食物。那是四分之一条的面包。你把面包芯挖出来，然后塞进炸土豆、一片博洛尼亚大红肠和一些被称为"阿查"的腌渍杧果。这只需要花几兰特就行。如果你手头有点富余，可以多放一根热狗进去。如果你手头仍有富余，还可以加根香肠——比如德式碎肉香肠，或是加个煎蛋。加了所有这些料的最大个的科塔足够三个人吃。

对我们来说，加芝士的科塔才是最终升级版。芝士一直是终极选项，因为它太贵了。任何东西加了芝士都要花更多钱。如果你买个汉堡，这很酷，但如果你买的是芝士汉堡，那就意味着你比只买普通汉堡的人有钱。三明治里有芝士，冰箱里有芝士，这意味着你过上了美好生活。在南非的任何一个小镇，如果你有一点钱，人们会说："哦，你是个芝士男孩。"言下之意就是：你不是真正的街区男孩，因为你的家庭有足够的钱买芝士。

在亚历山德拉，邦哈尼和他的小伙伴们住在东岸，因此被看作是芝士男孩。讽刺的是，因为他们住在河对岸的第一条街上，因此被人瞧不起，认为他们是东岸的邋遢鬼，住在东岸更高处的更好房子里的孩子们是更有"芝士性"的男孩。邦哈尼和他的小伙伴们从不承认自己是芝士男孩。他们坚称："我们不是芝士男孩。我们是街区男孩。"但真正的街区男孩会说："呃，你们不是街区男孩。你们是芝士男孩。""我们不是芝士男孩，"邦哈尼这群男孩会继续反驳，同时指着东岸更远处说，"他们才是芝士男孩。"这就是一场关于谁是街区男孩、谁是芝士男孩的可笑争论。

邦哈尼是他那群孩子的头儿，他能把所有人召集到一起，也能推动很多事情。其中有个跟班叫姆兹，他身材瘦小，只想混在队伍中跟着别人。贝基则是个酒鬼，总是能给我们找到酒，而且总是找借口喝酒。这群人里还有个叫卡考茨的，我们称他为G好好先生。G只对女孩感兴趣。如果队伍中有女孩，他就会来。最后还有希特勒，派对之魂。希特勒只想跳舞。

种族隔离结束的时候，芝士男孩们的处境格外尴尬。他们出生在街区，心里清楚自己永远不会离开这里。但芝士男孩已经见识过外面的世界。他的家庭条件还不错。家人拥有一栋房子。他们把他送去一所像模像样的学校上学，他甚至还可能考上了大学。他拥有了更多潜力，却并没有获得更多机会。他对外面的世界有了一定认知，但并没有找到融入其中的方法。

严格来说，在种族隔离时期，南非的失业率"更低"。当时还有奴隶制度——这就是所有人被雇佣的状态。当民主到来后，所有人都必须拿到最低工资。劳动力成本上升，数百万人因此骤然失业。后种族隔离时代，年轻黑人男性的失业率飙升，一度高达50%。很多人高中毕业后就没钱上大学，而如果你来自街区，气质和说话方式自成一格，你甚至都很难找到一份零工。所以，对南非许多小镇年轻人来说，自由是这样的：每天早上醒来，他们的父母可能会去上班，也可能不会。然后他们出门，在街角度过一整天。他们是自由的，有人对他们"授之以渔"，但没人给他们鱼竿。

我在街区学到的第一件事就是：平民和罪犯之间的界限十分微妙。普通人，尤其是如果你生活在郊区，愿意相信这世界好人和坏人泾渭分明，因为在郊区很难理解职业犯罪是怎么一回事。而当你来到街区，你就会发现好人和坏人之间有许多灰色地带。

在街区，即使你自己不是主要犯罪分子，犯罪活动也会以某种方式出现在你的生活中。生活中充斥着各种程度的犯罪。从为了给家人弄口吃的而去买从卡车后面掉下来的食物的母亲，到贩卖军用武器和硬件的黑帮分子，所有人都在犯罪。街区让我意识到，犯罪之所以如此常见，因为犯罪做了政府没做的事：犯罪照顾你的生活。犯罪是生活的基础。犯罪寻找那些需要支持和帮助的孩子。犯罪提供实习项目和暑期工作，以及晋升的机会。犯罪融入社区生活。犯罪不会歧视任何人。

我的犯罪生涯是从在街角卖盗版 CD 开始的。这本身是种犯罪，今天我觉得自己欠所有那些艺术家一笔钱，因为我偷了他们的音乐。但是以街区的标准来衡量，这还算不上非法行为。当时我们都不觉得自己在做什么错事，如果复制CD是错的，他们为什么要制造CD刻录机呢？

邦哈尼家的车库门开在斯普林伯克新月街上。每天早上，我们会打开门，拉一根长长的线到街上，摆一张桌子，播放音乐。人们路过时会问："那是什么碟？我能买一张吗？"我们摆摊的地方也是许多小巴司机行驶线路的终点，他们通常会在这里掉头回小巴站。他们开过来，下单，下趟回来的时候再取货。开过来，下单，开回来，取货。我们一整天就忙着跑去他们那接单，再跑回车库制作更多混曲CD，再跑出去贩卖。拐角处有一个改装过的集装箱，当我们厌烦了在矮墙上闲聊，就会跑去那里玩。集装箱里装着一个付费电话，我们会用它给别人打电话。不太忙的时候，我们就会在集装箱和矮墙之间来回窜，跟其他同样无所事事的人聊天玩闹。我们跟毒贩子聊天，也跟黑帮分子闲聊。警察随时会冲过来打断我们。街区生活的一天就这么度过。第二天，一切照旧。

由于邦哈尼可以从各个地方发现商机，正常销售逐渐变成倒买倒卖。邦哈尼跟汤姆一样，也是个骗子。但汤姆只是小打小闹，邦哈尼则计划周详：如果我们这么做，就得到那样的东西，然后我们用那些东西换另一些东西，这样就能用赚取的差价获得更有赚头的东西。比如，一些小巴司机没法预先付费。"我没钱，因为我才开始当班，"他们会这么说，"但我需要新音乐。我能在你们这赊账吗？我会让你们免费坐车。我会在下班时付钱给你们，或是在周末的时候付钱。"于是，我们开始让司机赊购，同时收取一点利息。

我们开始赚更多钱。虽然每次不会超过几百兰特，有时候一次能赚上千兰特，但都是现金。邦哈尼很快发现了我们的新商机。街区的每个人都需要现金。每个人都在寻找短期贷款，用来付账单、交罚款，或者只是为了维持生活。人们开始来找我们要钱。邦哈尼跟他们谈好条件，然后就来找我。"嘿，我们要和这个家伙做个交易。我们借给他 100 块，他周末会还给我们 120 块。"我就说好。我们开始两三倍地赚钱。

现金也在我们的街区物物交易中起到了杠杆作用。如果你站在街区的一个主要街角，就会有人向你兜售一些东西，这在街区很常见。

这就是街区。总有人在买东西，总有人在卖东西，倒买倒卖的人则试图从中牟利。这些买卖都不合法。没人知道这些东西从哪里弄来的。而且你也不会追问它们的出处。人们只会说"嘿，看我找到了什么"，或是"不错，你想要多少？"这是国际通行语言。

一开始，我不知道不要问东西从哪来的。我记得有一次，我们买了个车载音响还是别的什么。

"这东西之前是谁的？"我问道。

"呃，别担心这个，"其中一个卖家告诉我，"白人有保险。"

"保险？"

"是的，白人有保险，如果丢了东西，保险公司会赔现金给他们，他们相当于什么也没丢。"

"哦，好吧，"我说道，"听起来不错。"

我们能想到的就是：白人丢了东西能得到钱，这是作为白人的又一个好处。

当你生活的世界足够富裕，让你可以远离犯罪的时候，你很容易对犯罪做出评判。但街区教会了我，每个人都有不同的是非观，对于什么行为构成犯罪，以及自己愿意参与何种程度的犯罪，也都有不同的定义。

我妈妈曾经因为我不守规矩、想让我学会守规矩而严厉训斥我，可是有一天，我那超级虔诚、遵纪守法的妈妈带回来一大箱便宜的冷冻汉堡肉饼，大概两百个吧，是来自黑牛汉堡店的。而黑牛店里一个汉堡售价至少要20兰特。

"这是怎么回事？"我问道。

"哦,我上班的地方有个家伙卖这些,"她说道,"给了我很低的折扣。"

"可是,他从哪弄来的这些?"

"我不知道。他说他认识某个人,那个人——"

"妈妈,这些是他偷来的。"

"我们不知道。"

"我们知道。哪个家伙能随便弄来那么多汉堡肉饼?"

当然,我们吃了这些肉饼。然后,我们感谢上帝赐予我们食物。

街区的每一天都过得一样。我早早起床。邦哈尼会在公寓门口等我,然后我们会带着我的电脑——巨大的机箱和又大又重的显示器,搭小巴去亚历山德拉。我们在邦哈尼的车库连好电脑,开始制作第一批 CD。然后我们就出门。我们会去第 19 街和罗斯福街的路口吃早餐。当你想用钱生钱的时候,在吃的方面就得很小心。你必须精打细算,不然就会吃掉赚来的钱。所以,我们每天早上的早餐都是肥饼,基本上就是一种油炸面饼。它很便宜,半兰特一个。我们可以买一堆肥饼,这样就有足够的能量让我们撑到比较晚。

我们会坐在街角吃东西。我们一边吃饭,一边接从这里经过的小巴司机的订单。吃完饭、接完订单,我们就会回到邦哈尼的车库，听音乐、举重、制作 CD。大约 10 点或 11 点的时候，早班司机们就开始折返了。我们会带着 CD 走到街角，让他们取货。然后我们就在街角闲晃，见见各路朋友，看谁会经过，看这一天有什么活儿可做。有人需要这个。有人在卖那个。你永远不知道接下来会发生什么。

午饭时间总会有很多生意。我们的身影出现在亚历山德拉的大街小巷，我们走去不同的店铺和角落，跟每个人做生意。我们会跳上小巴，利用这个机会和司机们聊聊他们需要什么音乐，但实际上我们是在免费搭车。"嘿，我们来收订单的。你开车的时候我们会跟你聊聊。你需要什么？你在找什么音乐？你需要麦克斯威尔[1]的音乐吗？好的，我们有麦克斯威尔的新歌。好的，我们稍后再跟你聊。我们在这里下车。"然后我们就跳上另一辆车，去往我们的下一个目的地。

午饭时间过后，生意就清淡下来，我们就趁这时候吃午饭，通常就吃我们能负担得起的最便宜的东西，比如一份"笑脸"配玉米面。"笑脸"就是羊头。羊头用清水煮好，盖上一层辣椒。我们之所以叫它"笑脸"，是因为当

---

[1] 美国节奏布鲁斯音乐人，曾获得过格莱美奖。

你把羊头上的肉啃干净后,它看上去好像在盘子里冲你微笑。羊脸和舌头很好吃,但眼睛有点恶心。它们会在你嘴里爆开。你把眼球放进嘴里,咬一口,它就变成了爆开的脓球。嚼眼球的时候不会发出嘎吱的声音,也不用费力咀嚼。它也没有任何诱人的香味。

用过午饭后,我们就回车库,放松一下,睡上一觉,然后再制作更多 CD。下午,我们会见到很多妈妈。妈妈们爱我们。她们是我们最好的客户。妈妈们负责打理家务,她们希望能买到从卡车后面掉下来的成箱的肥皂,而且她们更愿意从我们这里买,因为我们是品行端正、说话得体的东岸男孩。我们甚至可以加价卖,因为我们为交易增加了体面的元素。妈妈们通常也是最需要短期贷款的人,她们需要支付各种家庭开销。她们还是宁愿跟我们做生意,也不愿跟那些流氓高利贷打交道。妈妈们知道,如果她们还不起钱,我们不会打断她们的腿。我们不信奉暴力。而且,我们也没能力这么做,别忘了这一点。

在我们生意的巅峰期,我们手头大约有 1 万兰特的现金资本。外面有我们放的贷,手里有利息进来。我们还囤了一堆乔丹鞋和 DVD 机,我们买来准备转手卖的。我们还得买空白 CD,租小巴去进行 DJ 表演,每天负责 5 个人的三餐。我们在电脑上记录下一切。因为跟我妈妈一起生活过，我知道怎么做电子表格。我们做了一个 Excel 表格，里面记录着每个借贷人的名字，他们欠了多少钱，什么时候还的钱，什么时候没还上。

下班时的生意高峰期过去后，我们才会放松下来。我们会最后一次收单，检查 CD 库存，算账。如果当天晚上要去派对做 DJ，我们就要开始做准备工作。否则，我们会买几瓶啤酒，坐在一起喝酒，聊聊白天的情况，聆听远处的枪声。每天晚上都有枪声响起，我们总是会猜那是什么枪发出的声音。通常会上演警察追逐的戏码，警车呼啸而过，追逐一个开着偷来的车的家伙。然后大家会各自回家吃晚饭。我则带着我的电脑，坐上一辆小巴，回家，睡觉，然后第二天再继续重复做这些事情。

一年过去了。然后是第 2 年。我已经不再去想上学的事，也没有赚到学费。

街区的吊诡之处在于，你总是在工作、工作、工作，你感觉好像有什么事情正在发生，但实际上什么都没发生。我每天早上 7 点到晚上 7 点都在外面工作，每天要面对的问题是：我们怎么把 10 兰特变成 20 兰特？我们怎么把 20 兰特变成 50 兰特？我怎么把 50 兰特变成 100 兰特？在很多日子里，我们最后手里一分钱也不剩，但我总是觉得我们极富成效。

忙碌之于工作，就像上网之于阅读一样。如果把你一年里在网上读到的东西加起来——推文、脸书帖子、网页列表——就相当于读了一吨的书，但实际上，你一年里一本书也没读。当我回头看的时候，就看到了这样的忙碌生活。这种生活就是付出最大的努力，得到最小的收获。这就像仓鼠踩转轮。如果我将所有这些精力用在学习上，我可能已经拿到工商管理硕士学位。而我的专业是忙碌，没有哪所大学会给我一个忙碌学学位。

我第一次走进亚历山德拉的时候，就陷入一种紧张、兴奋的情绪，但更重要的是，我被那里接受了，这种归属感比在高中或其他地方更强烈。但我第一次出现在那里，有几个人挑了挑眉。"这个有色人种小孩是谁？"但街区的人不会随意评判。如果你想待在那里，就可以待在那里。因为我没有住在街区，所以我其实是个局外人，但我人生中第一次没有局外人的感觉。

街区生活压力也比较小，称得上舒适。你所有的精力都用来应对各种事，因此，你不必问自己任何宏大的问题。我是谁？我应该是谁？我用尽全力了吗？你从不会觉得自己是个失败者，因为总有人比你差，你也不会觉得自己需要再努力一点，因为最成功的人也没有比你成功多少。它让你处于一种半死不活状态。

街区让人感到异常舒适，但舒适也可能是种危险。舒适既是基本要求，也是最高要求。在我们的团队中，我们的朋友 G 和我们一样，没有工作，无所事事。后来他在一家不错的服装店找到了一份工作。每天早上，他都会去上班，而其他人则会因此取笑他。我们看他衣着整齐地走出来，都会嘲笑他。"噢，G，看看你穿得多漂亮！""噢，G，今天去见白人，嗯？""噢，G，别忘了从图书馆带几本书回来！"

G 在那家店上班一个月后，一天早上，我们在矮墙上玩，G 穿着袜子，趿着拖鞋出来。他没有穿上班的衣服。

"哟，G，怎么样？工作还行？"

"哦，我不在那里上班了。"

"为什么？"

"他们说我偷东西，我被解雇了。"

我一直觉得，他是故意这么做的。为了重新被我们接受，他不惜自毁前程。

街区有一种引力。它绝不会抛弃你，也绝不会让你离开。因为如果你选择离开，就是在侮辱养育你、造就你、从不会背叛你的地方。而那个地方会反过来攻击你。

如果你在街区开始过得顺风顺水，就是时候离开了。

因为街区会把你拖回去。它会找到办法的。有人会偷东西放进你的车里,然后警察找到它——诸如此类。你不能留下来。你认为你可以。你开始朝更好的方向努力,你把你的街区朋友带去一家高级夜店玩,结果有人开始打架,你的一个朋友掏出枪,有人中枪,只剩你站在那里:"刚刚发生了什么?"

只是发生了街区会发生的事情。

一天晚上,我在邻近亚历山德拉的伦巴第东为一个派对做 DJ,那是一个更好的中产阶级黑人社区。噪音招来了警察。他们穿着防暴装备,端着机枪。美国人所谓的特警队不过是我们的常规警力。他们来寻找音乐的来源,而音乐的来源就是我。一个警察走到我和我的电脑跟前,用巨大的冲锋枪对着我。

"现在立刻把它关掉。"

"好的,好的,"我说道,"我在关了。"

但我用的是 Windows 95 系统。Windows 95 要花一辈子的时间才能关掉。我关掉一个个窗口,逐个关闭程序。我有一个很厚又容易受损的希捷硬盘,我不想切断电源,这样很可能会损坏硬盘。但这个警察显然不在乎这些。

"关掉!关掉!"

"我正在关！我正在关！我得关闭这些程序！"

在场的人开始愤怒，警察开始紧张。他调转枪口，朝电脑开枪。只是他明显对电脑一无所知，因为他打的是显示器。显示器炸了，但音乐还在继续播放。这下现场乱成一团——音乐声震耳欲聋，所有人因为这一枪吓得到处乱窜。我把电线从机箱拔出来，关掉了电脑。然后警察开始向人群发射催泪瓦斯。

催泪瓦斯跟我或音乐无关。警察只是使用催泪瓦斯来阻止黑人社区的派对，就像夜店用开灯来让大家回家一样。

我失去了硬盘。虽然警察只是朝显示器开枪，但爆炸烤焦了硬盘。电脑仍能启动，但却读不了硬盘。我的音乐库没了。即使我有钱买个新硬盘，也得花好几年时间收集音乐。音乐没法用别的替代。DJ生意宣告结束。卖CD的生意也到此为止。突然间，我们失去了主要的收入来源。我们只剩下倒买倒卖一条路，我们更加努力地倒买倒卖，拿着手头上那一点现金，尽力让它翻倍，买下这个，转手卖出去，得到那个。我们开始吃老本，还没过一个月，我们就只能吃土了。

一天晚上下班后，一个在机场工作的家伙来找我们，他长得像《辛普森一家》里的伯恩斯先生，不过是黑人版的。

"嘿,看我找到了什么?"他说道。

"你弄到了什么?"

"一台相机。"那是他从别人的行李里偷出来的。

我永远也不会忘记那台相机。那是台数码相机。我们从他手里买过来,我拿在手里,打开相机。相机里全是一个白人家庭度假的照片,我感觉糟透了。我从来不在乎我们买过的其他东西。无论是耐克的东西、电动牙刷,还是电动剃须刀。谁在乎它们?是,有人可能会因为超市丢了一小拖车玉米片而被开除,但这不是什么大事。你不会惦记这事。但相机里有一张张人脸。我浏览着这些照片,心里明白我的家庭照片对我来说有多重要,我想,我偷的不是相机。我偷了别人的回忆。我偷了别人的部分人生。

这事很奇怪,但在两年的倒买倒卖生活中,我从不认为这是犯罪。老实说,我并不认为这是坏事。在社会上,我们对别人做可怕的事情,因为我们看不见受其影响的人。我们看不见他们的脸。我们不把他们当人看待。这就是街区得以存在的基础,让种族隔离受害者远离视线范围,让你不去想他们。因为如果白人但凡把黑人当人看待,就会发现奴隶制完全不合理。在我们生活的世界里,我们看不见我们对他人所做的事情的后果,因为我们没跟他们生活在一起。如果我们能看见彼此的痛苦,并且彼此同情,我们可能从一开始就不会去犯罪。

尽管我们很需要钱,但我一直没把相机转手卖掉。我十分内疚,觉得卖掉它就是在造孽。这台相机让我面对现实:我所做的事情的另一头有人在承担后果,而我所做的事是错的。

一天晚上,我们团队被邀请去索韦托和另一个团队斗舞。希特勒要和对方最棒的舞者赫克托一较高下,后者是当时南非最棒的舞者之一。这次邀请是件大事。我们要代表街区前去应战。亚历山德拉和索韦托这两个镇子之间一直在较劲。索韦托被认为是个自命不凡的镇子,亚历山德拉则被看作是尘土满天飞的脏地方。赫克托来自迪普克鲁夫,那是索韦托的富人区。南非重获民主后,迪普克鲁夫是第一个出现价值百万兰特的房子的地方。"嘿,我们那再也不是什么小镇。我们现在正在建设美好的东西。"那里的人都有这种态度。我们的对手就是那里的人。希特勒为此辛苦练习了整整一周时间。

舞会当晚,我、邦哈尼、姆兹、贝基、G 和希特勒搭小巴来到迪普克鲁夫。赫克托赢得了比赛。G 跟一个女孩接吻时被发现,然后演变成一场群架,一切都乱了套。大约凌晨 1 点,我们才准备返回亚历山德拉。当我们离开迪普克鲁夫准备上高速公路的时候,几个警察让小巴停在路边。他们让所有人下车,然后搜车。我们站在车外,在车旁排队站好,这时一个警察走了过来。

"我们找到一支枪,"他说道,"枪是谁的?"

我们都耸了耸肩。

"我们不知道。"我们答道。

"不,有人知道。枪总得有主人。"

"警官,我们真的不知道。"邦哈尼说道。

这个警察狠狠扇了邦哈尼一巴掌。

"你们在耍我!"

然后他挨个给了我们每人一记耳光,痛斥枪的事。我们什么都不能做,只能站在那里任由他打骂。

"你们这些家伙都是垃圾,"这个警察说道,"你们从哪来?"

"亚历山德拉。"

"哦,好的,我明白了。从亚历山德拉来的疯狗。你们到这里来,抢劫这的人,劫持这儿的车。一群没用的流氓。"

"不,我们是舞者。我们不知道——"

"我不管这些。你们都得进监狱,直到我们弄清楚枪是谁的。"

我们突然意识到这个警察是向我们索要贿赂。"现场罚款"是每个人都会用的委婉用语。你跟随警察精心编排的舞蹈跳下去,这期间你得用隐晦的方式说明一些事。

"就没什么我们能做的吗?"你问警官。

"你们想让我怎么做?"

"我们真的很抱歉,警官。我们能做些什么?"

"你说呢。"

这时你应该要编个故事,暗示警察你身上带了多少钱。但我们没法这么做,因为我们身无分文。于是,他把我们关进了监狱。所谓监狱就是一辆公共汽车。那支枪可能是任何人的,但只有从亚历山德拉来的人被逮捕。小巴上的其他人都可以走了。警察把我们带到警察局,把我们扔进了拘留室,把我们一个一个拖出去审问。当他们把我拖出去时,我不得不说出我家的地址:高地北。那个警察脸上的表情十分困惑。

"你不是亚历山德拉的人,"他说道,"你和这些无赖混在一起做什么?"我不知道该说什么。他狠狠地瞪着我。"听着,有钱小子。你觉得和这些家伙到处瞎跑很有意思?这已经不是什么过家家游戏了。只要你把你的朋友和枪的事告诉我,我就放你走。"

我说不行,他就把我扔回了拘留室。我们在那里过了一夜，第二天我给一个朋友打电话，他说他可以向他爸爸借钱，把我们弄出去。那天晚些时候，那个朋友的爸爸来付了钱。警察一直说这是"保释金"，但这其实是贿赂。我们从未被证实逮捕或处置。整个过程中没有出现任何书面文件。

我们出来了，一切都很好，但我们被吓坏了。我们每天都在街上倒买倒卖，装出一副混黑帮的样子，但事实是，我们一直都是芝士男孩，不是什么街区男孩。我们装出那副样子，只是一种防御机制，好让我们在我们生活的世界生存下去。无论看起来怎么样，因为无法改变出身，邦哈尼和其他东岸男孩的人生几乎没有什么希望可言。这种情况下你只有两个选择。如果你是少数幸运儿之一，可以在零售业找到份工作，在麦当劳翻翻汉堡。另一个选择则是故作坚强，装出强悍的模样。你没法离开街区，所以你要按照街区的规则生存。

我选择生活在那个世界，但我并不是来自那个世界。如果说有什么区别的话，那就是我是个冒名顶替的家伙。每天，我和其他人一样投入街区生活，但不同的是，在我内心深处，我知道我还有其他选择。我可以离开。而他们不能。

＊ ＊ ＊

我10岁的时候,有一次去约维尔看我爸爸,当时我的一个玩具需要电池。我妈妈拒绝给我买新电池,因为她觉得这是浪费钱,她当然会这么想。于是我偷偷溜去商店,偷了一包电池。在我逃出商店的时候,一个保安抓住了我,把我拖进了他的办公室,给我妈妈打了电话。

"我们抓到你儿子偷电池,"他说道,"你得来把他领回去。"

"不,"她说道,"把他送进监狱。如果他不守规矩,就得知道会有什么后果。"

说完她就挂断了电话。保安满脸疑惑地看着我。最后,他把我放了,他认定我是个淘气的孤儿,因为哪个妈妈会把自己10岁的孩子送进监狱呢?

＊ ＊ ＊

16　这个世界并不爱你

我妈妈讨厌街区。她也不喜欢我的街区朋友。如果我把他们带回家来,她甚至都不想让他们进家门。她并不是讨厌他们本人,而是讨厌他们代表的东西。"对于选择什么样的人待在你身边,你必须小心谨慎,"她说道,"因为你跟谁待在一起能决定你是谁。"

她说街区最让她讨厌的一点是,街区没有让我变得更好。她希望我跟表哥一起去他的学校玩。

"我待在大学和待在街区有什么不同?"我问道,"待在大学又不代表我要去上大学。"

"这么说没错,但大学的氛围会感染你。我了解你。你不会干看着那些家伙变得比你强。如果你待在一个积极向上的环境中,你也会变得积极向上。我一直告诉你要改变你的生活,但你没听我的。总有一天你会被抓起来,你真被抓起来了,别给我打电话。我要叫警察把你关起来,给你一个教训。"

有些黑人父母真的会这么做,不给孩子付保释金,不给孩子请律师——这是一种极端严厉的爱。但这并不总是奏效,因为他可能只是需要爱,你却给了孩子严厉的爱。你想给他一个教训,但现在,这个教训可能让他付出余生的代价。

一天早上,我在报纸上看到一则广告。有家商店正在清仓甩卖手机,他们的甩卖价低得让人难以置信,我知道我和邦哈尼能在街区转手卖掉它们,赚些差价。这家店在郊区,走路去太远,而且太偏僻了,也不能搭小巴去。幸运的是,我继父的工作间和一堆旧车就在我们的后院。

从 14 岁开始,我就一直在偷亚伯的那些破烂玩意。我会说我是在试驾,以确定它们都被修好了。亚伯不觉得这么做很有意思。我被抓了很多次,每次我被抓都会惹我妈妈生气。但我还是继续我行我素。

这些破车大多不能合法上路。有的车没有正规登记,有的车没有正规车牌。幸运的是,亚伯的车库后面还有一堆旧车牌。我很快就明白,我只要把一个旧车牌安在一辆旧车上,就可以上路了。那时我才 20 岁左右,没想过这么做的任何后果。我趁没人的时候溜进亚伯的车库，挑了一辆车，就是那辆我开去参加毕业舞会的红色马自达，又往车上胡乱扔了几个旧车牌，就出发去找打折手机了。

我在希尔布罗被拦下。南非的警察拦停你的时候不会给你任何理由，跟你是否没打信号灯或者尾灯灭了没有任何关系。警察拦停你，只是因为他们是警察，他们有权拦停你，就这么简单。

警察拦停我的时候，我只想说："嘿，我知道你们对我种族歧视！"但我不能争辩，因为当时我的确违法了。警察走到车窗边，问了我几个例行问题。你要去哪儿？这是你的车吗？这是谁的车？我没法回答。我完全吓傻了。

我曾在索韦托和亚历山德拉跟警察发生过冲突，但那更多的是针对一群人：派对被叫停，或是突击搜查小巴。法律无处不在，但它从没落到过我头上。没有单独落到过特雷弗头上。当你没有多少应对法律的经验时，法律看起来是合理的——大多数情况下混蛋的是警察，但你也清楚，他们只是在工作。

另一方面，你的父母却一点也不理性。他们在你的整个童年既担任法官、陪审团，又担任刽子手，好像你稍微犯点错，他们就会判你终身监禁。那一刻，我本应该害怕警察，可我一心只想着：我回家就会有大麻烦。

警察核对了车牌号码，发现跟我开的车不匹配。我走下车，他给我戴上手铐，告知我，我因为涉嫌驾驶偷来的车而被捕。他把我拘留了，车则被扣押了。

在希尔布罗警察局，我被带到登记台前，在那里接受指控，并按了指纹。

与此同时，他们一直在检查我的车，这种局面对我而言十分不妙。每次我从亚伯那里借车时，都尽量挑又破又旧的车，而不是真正客户的车，我以为这样麻烦会少一点。但这么做就是个错误。这辆马自达只是亚伯手里的一辆破车，没有明确的所有者。如果这辆车有车主的话，警察早就给车主打电话，车主就会解释说这辆车被送去维修了，整件事就会得到解决。然而，由于这辆车没有主人，我没法证明我没有偷车。

当时，南非也经常发生抢劫汽车这种事。甚至于因为抢劫汽车事件过于频繁，当它发生时，你都不会感到一丝惊讶。

总有人因为车被枪杀。我不仅不能证明我没有偷那辆车，也不能证明我没有为了它杀人。警察一直在盘问我。"小子，你为了那辆车杀人了吗？嗯？你杀人了吗？"

我的麻烦大了，非常大。

我坐在警察局，因为涉嫌偷车而被捕，我不仅是高度可疑的劫车嫌疑犯,还是杀人嫌疑犯,我的脑子里做着剧烈斗争:我应该给家长打电话,还是直接去坐牢。

我想到了我的继父,他可能真的会杀了我。在我看来,这完全是会真实存在的场景。我还想到了我妈妈,她会让事情变得更糟。她不是我现在想要的品格证人。她不会帮我。因为她告诉过我她不会。"如果你被抓了,别给我打电话。"我需要能同情我的处境的人,我不相信她是那个人。所以,我没有给家长打电话。我决定不让他们帮忙。我是男子汉。我能一个人搞定。我给表哥打电话,告诉他不要告诉任何人发生了什么事,我正在想办法解决——现在,我必须想出解决办法。

我是在傍晚被抓的,所以,走审讯流程的时候已经快到晚上熄灯的时间了。不管我喜不喜欢,都得在拘留室待一晚了。就在这时,一个警察把我拉到一旁,告诉我我是因为什么进来的。

在南非,这套系统是这样运作的,你被捕后会被关进警察局的拘留室,一直要在那里待到保释听证会。在听证会上,法官会看你的案卷,听取控辩双方的意见,然后他要么撤销指控,要么设定保释金额和审判日期。如果你能获得保释,付了钱就能回家。但是,你的保释听证会有各种出错的可能性:一些法庭指定的律师根本没看过你的案卷，完全不知道发生了什么。你的家人可能付不起保释金。有时候法庭甚至都会来"助一臂之力"："对不起，我们太忙了。今天不能再安排听证会。"原因并不重要。一旦你离开监狱，就不能再进去。如果那天你的案子没能解决，就得进监狱等待审判。在监狱里，你是和其他等待审判的人住在一起，而不是和普通人待在一起，但即使是在候审期间，也非常危险，因为跟你关在一起的人既有违反交通规则的人，也有不知悔改的惯犯。你们被关在一起，而你可能要在这里待上好几天、好几周，也许是好几个月。在美国也是如此。如果你是穷人，如果你不知道这套系统是如何运作的，就可能掉进一个个裂缝中，然后你就会发现，你身处这个诡异的炼狱中，你既不在监狱里，但也不是不在监狱里。你没有被判任何罪行，但你仍然被关在监狱里，不能出去。

这个警察把我拉到一边说道："听着，你不会想就这样直接去参加保释听证会。他们会给你分派一个不知道发生了什么的政府律师。他没时间管你。他会请求法官延期，然后你可能会被释放，也可能不会。相信我，你不会想这么做。你有权想在这里住多久就住多久。在上庭或见法官之前，你应该先见见律师，提前做好准备。"他给我这个建议并不是出于好心。他跟辩护律师做了交易，他给后者介绍客户，后者会给他相应的佣金。他把律师的名片递给我，我给律师打了电话，他同意接我的案子。他让我就待在拘留室，他会处理好一切。

现在我需要钱，因为律师可不会免费做任何事。我给一个朋友打电话，问他是否可以向他爸爸借点钱。他说他会搞定这事。他跟他爸爸说了下情况，律师第二天就拿到了预付金。

有了律师的帮助，我觉得事情都在掌控之中。我觉得自己太聪明了。我搞定了这件事，最重要的是，妈妈和亚伯还毫不知情。

熄灯的时候，一个警察来收走了我的东西。我的皮带、钱包和鞋带。

"你为什么要收走我的鞋带？"

"这样你就不会上吊。"

"好吧。"

即使他都这么说了，我还是没觉得我的处境有多糟糕。我走进警察局的拘留室，打量了一下里面的另外六个人，我心想，这没什么大不了。一切都会没事。我会离开这里。我这么想着的时候，拘留室的门在我身后哐当一声关上，看守喊道："熄灯！"这一刻我才开始想，噢，天哪。这一切是真的。

看守给了我一张垫子和一条扎人的毯子。我把它们铺在水泥地上,尽量让自己能睡得舒服点。我脑海中闪过曾经看过的一部部可怕的监狱电影。但这不是监狱。这是拘留室,与监狱有很大区别,我很快就明白了这一点。

第二天早上,我醒来的时候有一种恍如隔世的感觉,就好像一切都是一场梦。然后我环顾四周,想起来一切并不是梦。早餐来了,我安心等待。

在拘留室的一天里,大部分时间都很安静,只是偶尔会有经过的看守冲你大声骂脏话、点名。拘留室里没人说话。因为大家都很害怕,没人想表现出脆弱的一面。我不想让任何人知道我只是一个因为违反交通法规而被关进来的小孩,我以前想象过人们在监狱里的所作所为,于是,我开始回想那些刻板做派,尽力装出那副模样。

在南非,每个人都知道有色人种是最残忍、最野蛮的暴徒。你一生都会被灌输这样的刻板观念。最臭名昭著的有色人种帮派是数字帮:26 帮、27 帮和 28 帮。他们控制着监狱。他们像墨西哥贩毒集团一样,以残忍暴力闻名。许多帮派分子甚至跟墨西哥帮派分子穿着打扮一模一样:脚踩匡威鞋,下身一条迪凯斯牛仔裤,上身一件开襟衬衫,只扣最上面一颗扣子。

我十几岁的时候,每次遭遇警察或保安盘问,通常都不是因为我是黑人,而是因为我看起来像有色人种。有一次我跟表哥和他的朋友去一家俱乐部玩。保镖搜查完姆隆吉西,就挥手放他进去。然后他又搜了我们的朋友的身,也放他进去了。而轮到我的时候,他直直站到我面前。

"你的刀藏在哪?"

"我没有刀。"

"我知道你身上藏着刀。在哪?"

他把我上上下下搜了一遍,才终于放弃,让我进去,他看我的眼神就好像我是个大麻烦。

我想,如果我进了监狱,大家会认为我就是那种迟早会进监狱的有色人种,就是个暴力犯罪分子。于是我就照着大家的刻板印象演起来。每次警察问我问题,我都带着浓重的有色人种口音以蹩脚的南非语回答。这是我试图熬过牢狱生活的绝妙计划。而它的确奏效。跟我关在一个拘留室里的都是些酒驾司机、家暴分子和小偷。他们根本不知道真正的有色人种暴徒什么样。大家都躲得我远远的。

听证会的日子到了。我被铐上手铐,塞进一辆警车的后座,送去法院,迎接命运的审判。在南非的法庭,为了尽量减少囚犯曝光和逃跑的机会,等待庭审的所谓拘留室就在法庭下面,其实就是个大大的围栏。你要走一段楼梯才能到被告席，而不是被押送着穿过走廊就能到。在拘留室，你会跟那些被关起来等待庭审等了好几周或好几个月的人暂时关在一起。大家怪异地混搭在一起，这里既有白领罪犯，也有被交警抓住的家伙，还有浑身上下都是文身的顽固不化的真正罪犯。这里就像是《星球大战》里的酒馆，乐队演奏着音乐，汉·索洛[1]坐在角落里，全宇宙的坏人和赏金猎人挤在一起打发时间——这里也是这么一个充满了恶棍和渣滓的肮脏巢穴，只不过没有音乐，更没有汉·索洛。

我只跟这些人短暂相处了一会儿，但就在这点时间里，我看到了监狱和拘留室的区别。我看到了罪犯和犯了罪的普通人之间的区别。我看到了人们脸上的冷酷。我不禁回想几个小时前自己是多么天真，以为拘留室没那么糟糕，我能应付得来。现在，对于可能降临到我头上的后果，我真的很害怕。

我打量了一圈拘留室。这里随随便便就关了上百人，他们四散开来，准确无误地按种族分成几拨人：一群黑人待在一个角落，有色人种的人待在另一个角落，几个印度人凑在一起，几个白人站在另一边。那些和我坐同一辆警

---

[1]《星球大战》正传三部曲中的主要角色。

车来的人一走进拘留室，就本能地自动加入各自所属的种族队伍。而我则呆立在原地。

我不知道该往哪去。

我朝有色人种聚集的角落看了看。我正在打量的是南非最臭名昭著、最暴力的监狱团伙。我看起来像他们，但我并不是他们中的一员。我不能去那儿，装出流氓恶棍的样子，让他们发现我是个冒牌货。游戏结束。我最不希望发生的事情就是有色人种暴徒们对我群起而攻之。

去那个黑人角落怎么样？我知道我是黑人，我自认为是黑人，但是我外表上看起来不是黑人，所以，那些黑人能理解我为什么要走过去吗？我去那会引起什么样的混乱？因为一个被认为是有色人种的人去黑人角落，比一个假有色人种的人去有色人种角落，更让有色人种帮派分子愤怒。因为这就是我一生的遭遇。有色人种的人看到我跟黑人在一起，就会针对我，想要揍我。我预见自己会在拘留室里掀起一场种族战争。

短短一瞬间，我的脑海中闪过所有这些问题。我疯狂地盘算，观察各路人马，扫视整个房间，评估各种变量。如果我去这，会这样。如果我去那，会那样。我全部人生在我眼前闪过——学校的操场，索韦托的小卖部，伊甸公园的街道——在我生活过的每个地方，每次我都必须像变色龙一样,在人群中逡巡,解释我是谁。我这辈子从来没这么害怕过。但我还是要做出选择。因为种族主义存在,你必须选一边站。你可以说你不搞选边站队这一套,但生活最终会迫使你选一边站。

那天我选了白人队伍。他们看起来不像能伤害我的样子。那就是一群普通中年白人男性。我朝他们走去。我们一起闲聊了一会儿。他们主要是因为白领犯罪、钱财问题、欺诈和敲诈勒索进来的。如果有人来找麻烦,他们没有还手之力,但他们也不会对我做什么。我很安全。

幸运的是,时间过得很快。我只在那里待了一个小时,就被传唤上庭,法官要么放我走,要么把我送进监狱等待审判。我上庭的时候,一个白人凑过来。"千万别再回来这里,"他说道,"在法官面前哭惨,使出一切手段。如果你上去了,又被送回来,你的生活再也不一样了。"

在上面的法庭里,我发现我的律师正等着我。我的表哥姆隆吉西也在旁听席坐着,只等一切按我的计划行事,就给我交保释金。

法警念了我的案件编号,法官抬头看向我。

"你好吗?"他说道。

我瞬间崩溃。将近一周的时间里,我一直装出一副硬汉的样子,我再也装不下去了。

"我——我不好,法官大人。我不好。"

他一脸疑惑。"什么?"

我继续说道:"我不好,先生。我真的很难受。"

"你为什么要跟我说这个?"

"因为你问我好不好。"

"谁问你了?"

"你问了。你刚刚问我。"

"我没说'你好吗'我问的是'你是谁'。我为什么要浪费时间问'你好吗'!这是拘留室。我知道下面每个人都不好过。如果我对每个人都问一句'你好吗'我们就得在这里耗一天。我说'你是谁',为了做记录,请说出你的名字。"

"特雷弗·诺亚。"

"好。现在我们可以继续了。"

法庭上的人都大笑起来,我也笑起来。但现在我更害怕了,因为我不想让法官认为我在笑,没有严肃对待他的话。

事实证明我不必如此担心。接下来发生的一切只花了几分钟。我的律师已经和检察官谈过,一切都提前安排妥当。他陈述了我的案情。我没有前科。我不是危险分子。反方没有提出异议。法官指定了我的审判日期,准予保释,我就可以走了。

我走出法庭，阳光照在我的脸上，我说道："亲爱的耶稣，我再也不会回去那里了。"在那间还不算特别不舒服的拘留室待了仅仅一周的时间，吃的也不算特别差，但在牢里待一周实在是太漫长。一周没有鞋带的日子实在太漫长。一周没有时钟、不见天日，让人体会到永恒的感觉。想到可能出现的更糟糕情况，想到在真正的监狱里真正地坐牢，我简直无法想象。

我和姆隆吉西开车来到他的住处，冲了个澡，住了一夜。第二天，他把我送回我妈妈家。我晃晃悠悠地走在车道上，装出十分随意的样子。我准备说我这几天一直在姆隆吉西家住。我装作什么都没发生一样走进屋子。"嗨，妈妈！这几天还好？"妈妈什么也没说，没有问我任何问题。我心想：好的。很好。我们没事。

我在家里待了大半天。傍晚时分，我们坐在厨房的餐桌旁聊天。我讲述着这周我跟姆隆吉西在一起发生的所有事情，我发现我妈妈露出那种表情，还朝我缓缓地摇了摇头。我从来没在她脸上见过这种表情。她看起来很受伤。

"怎么了？"我说道，"那是什么表情？"

她答道："孩子，你以为是谁为你付的保释金？嗯？你以为是谁为你付的律师费？你以为我是白痴吗？你以为没人告诉我吗?"

真相大白。她当然知道:那辆车说明了一切。它之前一直消失不见。我一直忙于应付监狱的事,掩盖自己的行踪,以至于忘记了我的犯罪证据就在院子里,那辆红色马自达从车道上消失了。我给我朋友打电话的时候,他当然问他爸爸要了律师费,但他爸爸逼问他要钱做什么,于是,同样身为家长的他立即给我妈妈打了电话。她给了我朋友一笔钱支付律师费。她给了我表哥一笔钱支付保释金。我在拘留室里待了整整一周时间,还以为自己很聪明。但她其实一直知道所有事情。

"我知道你把我看成爱唠叨的疯婆子,"她说道,"可是你忘了,我之所以这么严厉地管教你,让你的日子这么不好过,是因为我爱你。我所做的一切都是出于爱。如果我不惩罚你,这个世界就会更严厉地惩罚你。这个世界并不爱你。如果警察抓了你,他们并不会爱你。我打你的时候,其实是想救你。他们打你的时候,只是想杀了你。"

* * *

我小时候最喜欢吃的甜点是蛋奶冻,也就是美国人口中的吉露果子冻,直到今天它仍是我的最爱。某个周六,我妈妈正在准备一个大型家庭庆祝活动,她做了一大碗蛋奶冻,并把它放进了冰箱。它口味丰富:红的、绿的、黄的,味道各不同。我无法抗拒它。那一整天,每天当我经过冰箱,就会把头伸进冰箱,偷偷用勺子挖上一口吃。装蛋奶冻的碗很大,那一碗是预备给全家人吃一周的。而我一个人在一天之内就偷吃完了。

我上床睡觉,几乎要被蚊子咬死。蚊子喜欢叮我,小时候更是如此。它们会在晚上摧毁我。一觉醒来,我浑身上下全是包,肚子会不舒服,还会全身发痒。这个周日的早上情况正是如此。我全身都是蚊子咬的包,我的肚子被蛋奶冻撑得鼓起来,我几乎没法下床。我觉得我要吐了。这时,我妈妈走了进来。

"穿好衣服,"她说道,"我们要去教堂。"

"我不舒服。"

"所以我们才要去教堂。耶稣会治好你。"

"呃,我不确定这样行不行。我为什么不吃点药呢?"我说道,"然后向耶稣祈祷,感谢他赐予我们发明了药的医生,因为药才是让你恢复的东西。"

"如果你有耶稣,就不需要什么药。耶稣会治好你。向耶稣祈祷就行。"

"可是药难道不是耶稣的恩赐吗?如果耶稣赐给我们药,我们却不吃,我们岂不是在否认他赐予我们的恩典吗?"

就像我们所有关于耶稣的争论一样,这场对话也没得出任何结论。

"不。穿好衣服。我们要去教堂。"

* * *

17　我妈妈的人生

自从我把头发编成玉米辫去参加毕业舞会后,我在人生中第一次开始吸引女孩们的注意。我真的开始约会了。有时候我觉得这是因为我看起来更帅了。有时候我又觉得这是因为女孩们喜欢我和她们经历了一样的痛苦来让自己看起来好看。不管出于何种原因,成功过一次之后,我就不会轻易改变套路。我每周都会去理发店,每次花几小时把头发拉直,再编成玉米辫。对此我妈妈只会翻着白眼说:"我永远不会跟一个比我花更多时间在头发上的男人约会。"

从周一到周六,无论是去上班还是在家打理花园,我妈妈都穿得像个流浪汉一样。周日早上去教堂的时候,她会好好收拾下头发,穿上漂亮的裙子和高跟鞋,让自己看起来像百万富婆。她打扮好后,就忍不住戏弄我,像平时我们斗嘴那样,用语言打击我一下。

"现在谁才是家里最好看的人,嗯?我希望这周你有好好享受当漂亮宝贝的感觉,因为现在女王归来,宝贝。你在理发店花了4小时才变成这样。我只需要洗个澡就行。"

她只是在逗我玩,做儿子的没人想谈论他的妈妈有多性感。因为,老实说,她很美。既有外在美,也有内在美。她有一种我从未有过的自信。哪怕她穿着工作服,全身沾满污泥地在花园里干活的时候,你也能看出她有多么迷人。

我只能猜测,我妈妈曾经伤透过不少人的心,但从我出生开始,她的生活中就只有两个男人:我爸爸和我继父。就在我爸爸位于约维尔的房子不远处的街角,有一家叫作"强力机修"的汽车修理厂。我们的大众车总是出问题,我妈妈会把它弄到那里去修理。我们在那里遇到了一个很酷的家伙——亚伯,他是那里的汽车修理工。我们去取车的时候,我就会见到他。我们的车经常出问题,所以我们经常去那里。最后,即使汽车没有问题,我们好像也经常去那里。那时,我大概六七岁。我不明白发生的一切。我只知道这个家伙突然就出现在我们的生活中。他很高,身材瘦长，但很强壮。他的胳膊很长，手很大。他能徒手举起汽车发动机和变速箱。他有魅力，但并不算好看。我妈妈喜欢他这一点，她曾经说过，有一种丑，女人会觉得很有吸引力。她叫他"亚比"。他叫她"努比"，努拜因赛罗的简称。

亚伯并没想当我爸爸，我爸爸仍会出现在我的生活中，所以，我没有寻找任何人替代他。那是我妈妈的酷朋友，这就是我对亚伯的看法。他开始来伊甸公园和我们一起住。他在橘子园有个改装车库公寓，有时候他想让我们晚上过去住，我们也会过去。然后就是我烧了那家白人的房子，去他那儿住的事就此结束。从那以后，我们就一起住在伊甸公园。

一天晚上，我和我妈妈一起参加祈祷会，她把我拉到一旁。

"嘿，"她说道，"我想跟你说点事。我和亚伯准备结婚。"

我下意识地回应道："我认为这不是个好主意。"

我没有不高兴。我只是对那个家伙有种预感，一种直觉。早在桑葚树事件发生前我就有了这种感觉。那天晚上发生的事情并没有改变我对亚伯的感觉，它只是活生生地向我展示了他有能力做些什么。

"我理解你很难接受,"她说道,"我理解你不想要个新爸爸。"

"不是的,"我说道,"不是这样。我喜欢亚伯。我很喜欢他。但是你不应该跟他结婚。他就是有点不对劲。我不信任他。我觉得他不是个好人。"

对于我妈妈和这个家伙约会,我一直没意见,但我从来没有考虑过他会成为我们家的永久成员。我喜欢跟亚伯在一起,就像我第一次去老虎保护区时喜欢跟一只小老虎一起玩一样:我喜欢它,跟它在一起很开心,但我从没想过把它带回家。

如果说亚伯有什么值得让人怀疑的,就藏在他的名字里,这是个一直摆在我们面前的事实。他是亚伯,他的名字直接来自《圣经》,意味着他是好兄弟、好儿子。他也做到了名副其实。他是长子,很孝顺,既照顾他的妈妈,也照顾他的兄弟姐妹。他是他家的骄傲。

可是,亚伯是他的英语名字。他的聪加语名字是尼萨文尼。这个名字的意思是"害怕"。

妈妈和亚伯结婚了。没有结婚仪式,也没有互换戒指。他们签了些文件,仅此而已。大约一年后,我的弟弟安德鲁出生了。我只模糊地记得我妈妈离开了几天,当她回来的时候，屋子里就有了这个只会哭闹、拉屎和吃饭的东西，不过，当你比你的弟弟或妹妹大 9 岁的时候，他们的到来并不会给你带来多大改变。我不帮忙换尿布，我去商店玩街机游戏，在附近到处乱跑。

让我对安德鲁的出生深有所感的是我们在圣诞节期间第一次去见亚伯的家人。他们住在加赞库卢的察嫩镇，种族隔离时期，这里曾是聪加人的家园。察嫩属热带气候，炎热潮湿。附近的白人农场种植着一些神奇的水果——杧果、荔枝，以及你有生以来见过的最漂亮的香蕉。南非出口到欧洲的水果都来自这里。但经过多年的过度耕种和放牧，这片距离大路 20 分钟路程的黑人土地早已贫瘠不堪。亚伯的妈妈和妹妹们是终日待在家的传统妇女，全靠亚伯和他当警察的弟弟支撑起整个家。他们都很友善、慷慨，很快就把我们当成家庭一分子。

据我所知，聪加文化是一种极端男权文化。我们说的是那种女人见了男人必须弯腰行礼的世界。男人和女人的社交活动受到限制。男人负责猎杀动物，女人负责烧火做饭。男人甚至不允许进厨房。作为一个 9 岁的男孩，我觉得这太棒了。他们不让我做任何事。在我家，我妈妈总是让我做各种家务：洗碗、打扫屋子，可是她在察嫩想让我也做这些家务的时候，女人们不许她这么做。

我仿佛置身天堂。

我妈妈讨厌待在那里的每分每秒。而对于亚伯而言，身为长子的他带着自己的第一个儿子回家，这是一件大事。在黑人家园，长子几乎被默认为是家庭的爸爸/丈夫，因为真正的爸爸通常在城里打工。长子是一家之主。他要抚养兄弟姐妹。长子是爸爸的代理人，他的妈妈也对其尊敬有加。因为这是亚伯带着安德鲁荣归故里，他希望我妈妈也能扮演她的传统角色。但她拒绝配合。

他们俩一直吵吵闹闹，第一次返乡之旅结束后，我妈妈就拒绝再回去。

在此之前，我一直生活在女人主宰的世界，但在我妈妈和亚伯结婚后，尤其是在安德鲁出生后，我眼看着亚伯竭力坚持自我，把他对家庭的看法强加给他人。有一点他很早就很清楚，那就是他的那些想法并不针对我。我的存在提醒着他，我妈妈在他之前有过属于她的生活。我甚至跟他有着不一样的肤色。他的家庭是他自己、我妈妈和刚出生的婴儿。我的家庭是我妈妈和我。我的确很欣赏亚伯这一点。有时候他是我的好朋友，有时候不是，但他从不假装我们的关系与众不同。我们会一起开玩笑，一起大笑。我们也会一起看电视。在我妈妈说我已经拿了够多钱之后，他会时不时偷偷给我零花钱。但他从没给过我生日礼物或圣诞礼物。他从来没有给过我父爱。我从来都不是他的儿子。

亚伯的到来给这个家带来了新规则。他做的第一件事就是把芙菲和小豹赶到了屋外。

"屋子里不许有狗。"

"可是我们一直让狗待在屋子里。"

"以后不许了。在非洲人家里,狗睡在屋外。人睡在屋里。"

让狗待在院子里是亚伯控制我们独立的方式。他甚至对教堂感到不安。"你不能整天待在教堂,"他会这么说,"人们会怎么说?不,不,不。这是对我的不尊重。"

他阻止我妈妈在教堂花那么多时间的最有效手段就是不修她的车。车子坏了,他就故意让它坏着。我妈妈没钱再买一辆车,她也不能去别的地方修车。你嫁了个机修工,却要去找另一个机修工给你修车?这比欺骗更糟糕。于是,亚伯成为我们唯一的交通工具,而他会拒绝带我们去一些地方。我妈妈向来叛逆,她会搭小巴去教堂。

失去汽车也意味着失去了跟我爸爸的联系。我们不得不请求亚伯带我们去约维尔,而他不喜欢这样的旅程。这是对他男子气概的侮辱。

于是,我跟我爸爸见面的机会越来越少。没过多久,我爸爸就搬去了开普敦。

亚伯想要一个传统的婚姻和一个传统的妻子。很长一段时间，我一直在想他为什么会娶一个我妈妈这样的女人，她在各方面都跟他的设想背道而驰。如果他想要一个女人对他卑躬屈膝，察嫩有很多这样的女孩，她们就是照着这个目标被抚养长大的。我妈妈总是这么解释这件事，传统男人希望女人顺从，但他绝不会爱上顺从的女人。他总是被独立女人吸引。"他就像个珍奇鸟类收藏家，"她说道，"他只想要个自由的女人，因为他的梦想是把她关进笼子里。"

我们刚认识亚伯的时候，他经常抽大麻。他也喝酒，但主要是抽大麻，这有助于他放松。他抽一会儿大麻，放松下来，看电视，然后睡觉。我下意识觉得，他知道他需要用这种方法来平息愤怒。他和我妈妈结婚后就戒了大麻。出于宗教原因——身体是神殿这类理由，我妈妈让他戒掉大麻。但我们没有想到，他戒掉大麻后，就用酒精来取代它。他开始越喝越多。他从来不会清醒着下班回家。平常下班后他要喝六瓶啤酒。工作日的晚上他也会喝醉。有些周五和周六的晚上，他干脆就夜不归宿。

亚伯一喝酒，眼睛就会因为充血而发红。我就是从他的眼睛看出隐藏的线索。我一直把亚伯想象成一条眼镜蛇：冷静，完全静止，突然爆发。没有咆哮和嘶吼，没有紧握的拳头。他会表现得十分安静，暴力突如其来。他的眼睛是让我逃离的唯一线索。他的眼睛说明了一切。那是一双魔鬼的眼睛。

一天深夜，我们突然醒来，发现屋子里全是烟。我们上床睡觉的时候亚伯还没回家，我就跟我妈妈和安德鲁一起在她房间睡觉，安德鲁当时还是个小婴儿。我妈妈一边尖叫，一边摇醒我："特雷弗！特雷弗！"到处都是烟。我们以为整个屋子起火了。

我妈妈从走廊跑到厨房，发现厨房着火了。亚伯开车回家时醉得一塌糊涂，比我们以往见过的任何一次都要醉得厉害。他饿了，想在炉子上热点东西吃，结果他在沙发上昏睡过去，东西却还在炉子上热着。最后锅烧了起来，炉子后面的厨房墙壁也被烧着，到处浓烟滚滚。我妈妈关掉炉子，打开门窗，想要通通风。然后她走到沙发前叫醒亚伯，开始斥责他差点把房子烧了。他酩酊大醉，一点都不在乎。

她回到卧室，拿起电话，给我外婆打了个电话。她开始喋喋不休地抱怨亚伯和他的酗酒问题。"这个男人，他总有一天会杀了我们。他几乎把整个房子烧了……"

亚伯走进卧室,非常淡定,非常安静。他的双眼通红,眼皮耷拉着。他把手指放在听筒架上,挂断了电话。我妈妈跟外婆失联了。

"你怎么敢!别挂我电话!你以为你在做什么?!"

"你不能把这栋房子里发生的事情告诉其他人。"他说道。

"噢,拜托!你现在担心其他人怎么看你了?担心其他人!担心你的家人会怎么想!"

亚伯比我妈妈高很多。他没有提高嗓门,没有生气。

"努比,"他轻声说道,"你不尊重我。"

"尊重?你差点烧了我们的房子。尊重?噢,拜托!尊重得自己挣!你想让我把你当个男人来尊重,那就表现得像个男人!"

"努比,闭嘴——"

"你不是个男人,你就是个孩子——"

啪!他扇了她一耳光,这一耳光突如其来,就像万里晴空响了声雷。她被扇飞到墙上,然后像堆砖头一样垮了下去。我从没经历过这种事。她倒在地上,足足瘫了三十秒。安德鲁开始尖叫。我完全不记得自己过去抱起他,但我清楚地记得紧紧抱着他。我妈妈自己站了起来,挣扎着站稳。她显然被打蒙了,但她努力表现得镇静自若。我能从她的脸上看出难以置信的表情。她的人生中从没发生过这种事。她朝亚伯脸上打回去,开始朝他大喊大叫。

"你刚刚打我?"

整个过程中,我的脑子里一直在重复亚伯刚刚说过的相同的话。闭嘴,妈妈。闭嘴。你会把事情弄得更糟。作为一个挨过很多次打的人,我知道,回嘴是最没用的事。但她并没有保持沉默。

啪!他又扇了她一耳光。她踉跄地往后退,不过这次没有摔倒。她慌忙抓住我,抓住安德鲁。

"我们走。我们离开这。"

我们跑出房子,沿着大路逃跑。当时夜深人静,外面很冷。我只穿了T恤和运动裤。我们走到一公里外的伊甸公园警察局。我妈妈把我们拽进去,接待处有两个警察在值班。

"我要报案。"她说道。

"报什么案?"

"有个男人打我,我要告他。"

直到今天我都忘不了他们跟她说话时那种居高临下、高人一等的态度。

"冷静,女士。冷静。谁打你?"

"我丈夫。"

"你丈夫？你做了什么？你惹他生气了？"

"我……什么？他打我。我到这来报案——"

"你确定想这么做？回家跟你丈夫谈谈吧。一旦报案，就不能收回。他会留下案底。他的生活将从此改变。你真的希望你的丈夫进监狱？"

我妈妈坚持让他们做笔录、立案，但他们拒绝了——他们拒绝写案件记录。

"这是家事，"他们说道，"你不会希望警察插手。也许你需要再想想，明早再来。"

妈妈开始朝他们嚷嚷，要求见负责人，就在这时，亚伯走进了警察局。他开车来的。他已经清醒了一点，但还是醉醺醺的，就这么开车来了警察局。这并不重要。他走到警察面前，然后警察局就变成了男生俱乐部。他们就像老友见面一样。

"嘿，兄弟们，"他说道，"你们知道是怎么回事。你们知道女人会怎么做。我只是有点生气，就这样。"

"没事，兄弟。我们知道，常有的事。别担心。"

我从没见过这种事。那时我才9岁，我仍然认为警察是好人。如果你遇到麻烦，就报警，那些警察会开着闪着红蓝灯光的警车来救你。但我记得我站在那里看着我妈妈，目瞪口呆，害怕这些警察不帮她。那时我才意识到，警察不像我想象的那样。他们首先是男人,然后才是警察。

我们离开警察局。我妈妈带着我和安德鲁,我们去索韦托跟外婆住了一段时间。几周后,亚伯开车过来道歉。亚伯总是真心诚意地道歉:他不是故意的。他知道错了。他再也不会这样了。外婆说服我妈妈应该再给亚伯一次机会。于是我们一起开车回到伊甸公园,接下来的好几年,我们相安无事——亚伯好几年没有对她动手。一切又回到了正轨。

亚伯是个很棒的机修工,很可能是当时最优秀的机修工之一。他上过工学院,以全班第一的成绩毕业。他得到过宝马和奔驰的工作机会。他的生意靠好口碑发展起来。城里的人都把汽车开来让他修,因为他能创造奇迹。我妈妈真的很信任他。她觉得她可以助他一臂之力,帮他发挥潜力,不仅仅只做机修工,还能拥有他自己的汽修厂。

尽管我妈妈固执又独立,她还是个乐于奉献的女人。她不停地奉献、奉献、奉献,这是她的本性。她在家里拒绝屈从于亚伯,但她的确希望他成为一个成功的男人。如果她能让他们的婚姻成为真正平等的婚姻,她愿意全身心投入其中,就像她全身心照顾她的孩子们一样。后来,亚伯的老板决定卖掉强力机修厂,然后退休。我妈妈当时存了一笔钱,她帮亚伯买下了这个厂。他们把汽修厂从约维尔搬到了韦恩堡的工业区,就在亚历山德拉西边,强力机修成为新的家族企业。

你刚开始经商的时候,有很多事没人会告诉你。尤其是当你们是两个年轻黑人——一个秘书,一个机修工——而且刚脱离一个黑人从来不被允许拥有自己的公司的时代。没人会告诉你的事情包括,当你买下一家公司时,你同时也买下了它的债务。但我妈妈和亚伯翻开强力机修的账本时,才彻底弄明白自己买了什么,直到这时他们才发现这家公司陷入了多大的困境。

汽修厂逐渐占据了我们的生活。放学后,我会步行五公里从玛丽韦尔来到车厂。我会在那待几小时写作业,周围是各种机器,大家都在忙着修理汽车。亚伯难免会在一辆车上多花一些时间,因为他是我们的司机,我们不得不等他结束工作,才能坐车回家。他们最初会对我说:"我们要晚点才能弄好。去车里睡会儿,我们走的时候会叫你。"我就爬到某辆车后座歇着,他们会在半夜叫醒我,开车回伊甸公园,继续睡觉。然后很快就变成:"我们要晚点才能弄好。去车里睡觉,我们早上会叫你起来上学。"我们开始在汽修厂过夜。一开始是一周一两个晚上,后来变成三四个晚上。接着我妈妈卖掉了房子,把这笔钱也投入到修车生意上。她全力以赴。她为亚伯放弃一切。

从那时起,我们就住在汽修厂。那里很冷,很空旷。灰色的混凝土地面沾满油污,到处都是废旧汽车和汽车零件。靠近汽修厂前部的地方有扇临街的卷闸门,门旁有间用石膏板搭建的专门用来做文书工作的小办公室。房间后面有个小厨房,里面有一个水槽,一个便携式电炉和几个橱柜。如果要洗澡,就只有一个户外洗脸盆,就像看门人用的水槽,上面挂了个淋浴头。

亚伯和我妈妈在办公室铺了一张薄薄的床垫,带着安德鲁一起睡在上面。我则睡在不同的车里。我很习惯睡车里。我知道哪些车最适合睡觉。最糟糕的是大众、低端日本车这类便宜货。这种车的座椅几乎没法靠着睡觉,没有靠枕,内饰都是廉价的人造革。睡在这种车里,大半夜的时间我都得花在努力不让自己从座位上滑下去。醒来时我的膝盖会酸痛,因为我没法伸展双腿。德国车很棒,尤其是奔驰车。车身很大,豪华皮革的座椅坐起来像沙发一样。你第一次爬上座椅的时候,会觉得它们很凉,但它们的隔热性很好,很容易暖和起来。我只需要把校服卷起枕着,就能在奔驰车里舒服地睡一晚。但毫无疑问,最好的是美国车。我会祈祷客户开着有一体式长座椅的大别克来修。如果我看到这么一辆车,心里会忍不住欢呼:太棒了!

强力机修现在是家族企业,而我是家族成员,所以我也得干活。我没有太多时间玩了。我甚至没有时间写作业了。走路回到家，我就要脱下校服，换上工作服，钻到汽车引擎盖底下。我已经可以独力完成一些基础的汽车保养服务，而且经常这么干。亚伯会说："那辆本田，简单保养。"然后我就钻到引擎盖底下。日复一日。触点，火花塞，冷凝器，滤油器，空气过滤器。安装新座椅，换轮胎，换车前灯，修车尾灯。去汽配店，买配件，回汽修厂。那时我11岁，那就是我的人生。我在学校落下不少功课。

我们不停地工作，工作，工作，但不论我们投入多少时间，公司还是在亏钱。我们失去了一切。我们甚至买不起真正的食物。我永远无法忘记其中一个月发生的事情，那是我人生中最糟糕的一个月。我们太穷了，一连几周只能吃一种叫马洛葛的野菠菜，把它跟毛毛虫一起煮。这种虫叫可乐豆木毛虫。可乐豆木毛虫真的是最便宜的东西，只有最穷的穷人才会吃。我从小到大家里一直很穷，但这种穷和那种"我在吃虫子"的穷还是不太一样。可乐豆木毛虫是那种连住在索韦托的人都会说"呃……不要"的东西。它们身上有很多刺，颜色鲜艳，只有手指大小。它们身上黑色的刺会刺破你的上颚，一口咬下去，它们黄绿色的粪便通常会喷你一嘴。

有一段时间，我还挺喜欢吃毛毛虫。这就像一场食物冒险，但在几周的时间里每天都吃它们，我就再也吃不下了。我想吐。我怒气冲冲地哭着跑去找我妈妈。"我再也不想吃毛毛虫了！"那天晚上，她东拼西凑了点钱，给我们买了鸡肉。过去我们虽然很穷，但从没有缺过吃的。

那些日子是我人生中最讨厌的一段时光——整晚工作，睡在车里，在看门人的水槽里洗澡，用一个小金属盆刷牙，对着丰田车的后视镜梳头，穿衣服的时候尽量避免校服沾上油污，这样同学们就不知道我住在汽修厂里。哦，我真的很讨厌那些日子。我讨厌那些汽车。我讨厌睡在车里。我讨厌修车。我讨厌把手弄得脏兮兮。我讨厌吃虫子。我讨厌所有这一切。但有意思的是，我不讨厌我妈妈，甚至不讨厌亚伯。因为我看到每个人都在努力工作。但最后我开始明白为什么这家公司会亏钱。我经常去给亚伯买汽车配件，于是知道他是用赊账的方式买这些配件。配件商们会疯狂地加价。债务使公司陷入瘫痪，而他非但没有还清债务，还把挣来的一点点钱拿去买醉。出色的机修工，糟糕的商人。

后来，为了挽救汽修厂，我妈妈辞掉了帝国化学工业有限公司的工作，过来帮助亚伯经营汽修厂。她把她的办公室技能全用到了汽修厂，开始记账、排班和结算账目。一开始都很顺利，直到亚伯开始觉得她在管他的生意。其他人也开始议论纷纷。客户准时拿到他们的车,供应商准时收到货款,他们会说:"嘿,亚比,你的妻子接手后,这个厂子现在好多了。"这种话起不到什么正面作用。

我们在汽修厂住了将近一年,后来我妈妈也受够了。她愿意帮助亚伯,但前提是他不能把所有利润都喝掉。她一直过着自给自足的独立生活,但受某些人失败梦想的控制,她已经失去了这种独立生活。后来,她表示:"我不能再这么干了。我不干了。我干完了。"她在一家房地产开发商那里找到了一份秘书工作,凭借这份工作以及用亚伯汽修厂剩余的资产作抵押借款,她竟然还在高地北给我们买了栋房子。我们搬去新家,汽修厂被亚伯的债权人收走,汽修厂的故事就这样结束了。

我妈妈老派的旧约式管教方式一直伴随着我的成长。对我,她从不手软,从不溺爱。可对安德鲁,她就完全不同。他一开始也会挨揍,但次数逐渐减少,最后完全消失。我问她为什么我挨揍,安德鲁却不会时,她一如既往地开起玩笑。"我这样打你是因为你能挨得住,"她说道,"我不能这样打你弟弟,因为他是根细小的棍子,一打就断。可是你,上帝给你那个屁股就是用来挨揍的。"虽然她是在开玩笑,但我还是知道,她之所以不打安德鲁,是因为她在这件事上是真的改变了想法。说来也奇怪,她从我这里吸取了教训。

我在一个暴力的世界长大,但我自己却从不暴力。没错,我会搞恶作剧,放火,打碎窗户,但我从没攻击过别人。我没打过任何人。我从不生气。我只是觉得自己不是那种人。我妈妈让我接触到了一个不同于她自己的成长环境的世界。她给我买她自己从来没读过的书。她带我去她自己从来没上过的学校。我沉浸在那些世界中,然后会以不同的方式看待世界。我看到并不是所有的家庭都会有暴力。我看到暴力的徒劳无益,暴力只会重复循环,你暴力伤害其他人,他们又会暴力伤害另一群人。

最重要的是,我看到维系彼此关系的不是暴力,而是爱。爱具有创造性。当你爱一些人的时候,就为他们创造了一个崭新的世界。我妈妈为我做了这些,在这一过程中,我有所进步,学到了一些东西,反过来又为她创造了一个崭新的世界,对她有了全新的理解。从此以后,她再也没有对她的孩子们动过手。

不幸的是,她停手了,亚伯却动起手来。

那年我上六年级,是我在玛丽韦尔的最后一年。我们已经搬到高地北,我在学校闯了祸,在一些文件上伪造了我妈妈的签名。当时有个活动我不想参加,于是仿冒她的名字签了假条。学校给我妈妈打电话,那天下午我回家后,她问起这件事。我以为她肯定会惩罚我,但这次她却表现得毫不在意。她只是说我应该先问问她,无论怎样她都会签字。当时亚伯也和我们一起坐在厨房,目睹了整个过程,他开口道:"嘿,我能跟你说几句话吗?"他把我带到那个小房间,就是厨房旁边那个步入式食品储藏室,然后关上了门。

他挡在我和门之间,而我并没有多想什么。我根本没有害怕。亚伯以前从没试过管教我。他甚至从没教训过我。他每次总是说"努比,你儿子干的好事",然后我妈妈就会来处置我。当时是下午三点左右。他完全清醒,这使得接下来发生的事情更加可怕。

第一下打中了我的肋骨。我从没学过怎么打架,但本能告诉我,我应该靠近他。我见识过那些长胳膊能做什么。我见过他撂倒我妈妈,但更重要的是,我见过他撂倒成年男人。亚伯从不用拳头打人,我从没见过他握紧拳头打人。但他有能力朝成年男人扇耳光,能把他们扇趴下。他十分强壮。我看着他的胳膊,十分清楚:别站在那玩意的前段位置。我躲闪着靠近他,他一下又一下地打过来,但我靠得太近,他没法结结实实地打到我身上。后来他明白过来,不再打我,开始想要抓住我,把我放倒。他抓住我胳膊上的皮肤，用拇指和食指使劲掐着。这样掐很疼。

我以前从没这么害怕过，从来没有。因为他这么做完全莫名其妙，所以才如此可怕。这不是管教。整件事从都到尾都不是因为爱。我觉得即使我说我从伪造我妈妈签名的事上得到了教训，他也不会停手。我觉得只有他想停手的时候，只有等他怒气全消了，这件事才算完。他的体内似乎有一种想要摧毁我的欲望。

亚伯比我高大强壮很多，但待在这么一个狭小的空间对我来说很有利，因为没有足够空间让他施展拳脚。他跟我扭打在一起的时候，我设法扭动身子绕过他，溜出门去。我跑得很快，但亚伯也跑得很快。他一路追着我。我跑出房子，跳过大门，我不停地跑啊，跑啊，跑啊。我最后一次回头看时，他正在大门附近，冲出院子来追我。在我 25 岁之前，我一直重复做一个噩梦，梦中出现的就是他冲向转角时脸上的表情。

我拼命跑，就好像身后有魔鬼在追我。亚伯比我高大，比我速度快，但这是我的地盘。你没法在我的地盘抓到我。我熟悉每条巷子，每条街道，每道要爬的墙，每道要钻的栅栏。我在车流中左躲右闪，钻院子抄近道。我不知道他什么时候会放弃，因为我一直没回头看。我不停地跑啊，跑啊，跑啊，我的腿能跑多远就跑多远。我停下来的时候，已经跑到布拉姆利，离我家已经有三个街区的距离。我在灌木丛中找到一个藏身之处，我爬进去，蜷成一团，在里面躲了好几个小时。

我不用人教两次。从那天起直到我离开家的那一天，我在家里就像老鼠一样生活。如果亚伯在某个房间里，我就不会待在同一个房间。如果他在某个角落，我就会待在另一个角落。如果他走进某个房间，我会站起来，假装要去厨房，然后当我再次走进那个房间的时候，我会确保自己靠近房间门。他可能心情大好，特别友善。这样也影响不了我。我再也不让他挡在我和门之间。也许那之后有几次我有点马虎大意，没来得及逃开，让他给了我一拳或一脚，但我再也不相信他了，一刻也没有。

强力机修厂破产的时候，亚伯不得不把他的汽车弄出来。有人接管了厂子，对他的资产享有留置权。情况一团糟。也就是从那时候起，他开始在我们的院子里经营汽修作坊。也就是在那时候，我妈妈跟他离婚了。

非洲文化中同时存在合法婚姻和传统婚姻。你与某人合法离婚，并不代表他们不再是你的配偶。当亚伯的债务和糟糕的商业决策开始影响我妈妈的信誉和她养活儿子们的能力时，她就想要退出。"我没有欠债，"她说道，"我没有不良信用记录。我不会跟你一起承担这些。"我们还是一家人,他们也还是传统意义上的夫妻,但她跟他合法离婚了,实现了财务分离。她还重新用回了自己的姓。

因为亚伯开始在居民区无照经营,一个邻居提交请愿书,想把我们赶走。我妈妈就去申请营业执照,让他可以在家营业。汽修作坊保住了,但亚伯把它经营得每况愈下,把钱都拿去买酒喝。与此同时,我妈妈开始在房地产公司不断晋升,承担的责任越来越重,挣得也越来越多。亚伯的汽修作坊几乎变成了业余爱好。他本应该承担安德鲁的学费和家里的日常开销,但他开始拿不出钱,我妈妈很快开始负责所有开销。她交电费。她交房贷。他几乎没做任何贡献。

这也是个转折点。我妈妈开始赚更多钱、回归独立生活的时候,也是恶魔开始出现的时候。亚伯的酗酒问题越来越严重。他变得越来越暴力。在食品储藏室打了我之后没过多久,亚伯就第二次动手打了我妈妈。具体细节我已经想不起,因为它已经与后来的许多次家暴混在一起。我只记得当时报了警。这次他们来了我家,但又表现得像在男生俱乐部。没留下任何案底。没有任何指控。

每次他打她或找我麻烦的时候,我妈妈都会在事后找到哭泣的我,把我拉到一旁。她每次都会跟我说同样的话。

"为亚伯祈祷吧,"她会说,"因为他并不恨我们。他恨他自己。"

对一个孩子而言,这话根本毫无道理。"呃,如果他恨自己,"我会说,"他为什么不踢他自己?"

亚伯也踢狗。大多数时候踢芙菲。小豹很聪明,能躲开,可是呆头呆脑、招人喜欢的芙菲一直想成为亚伯的朋友。他喝了些酒之后,它会从他面前经过,或是挡住他的路,他就会给它一脚。挨了一脚后,它会找个地方躲一会儿。芙菲挨踢通常就是警告信号,我们要遭殃了。狗和院子里的工人常常率先尝到他愤怒的滋味,我们其他人自然知道要躲起来了。我通常会去找芙菲,不管它躲在哪里,我都会跟它待在一起。

奇怪的是,芙菲挨踢之后,从不乱吠或哀号。当兽医查出它听不见时,同时发现它的触觉也发育不完全。它感觉不到疼痛。这就是为什么它总会重新缠着亚伯,就像什么都没发生过一样。他踢它,它躲起来,然后第二天早上它又摇着尾巴回来。"嘿,我在这儿。我再给你一次机会。"

他总能得到第二次机会。那个可爱迷人的亚伯从未消失。他有酗酒问题,但他是个好人。我们共有一个家庭。在一个充满虐待的家庭长大,你会被这样的想法折磨:你可以爱你恨的人,或是恨你爱的人。这种感觉很奇怪。你希望你所生活的世界里要么是好人,要么是坏人,你要么恨他们,要么爱他们,可是,人并不是这么黑白分明。

家里涌动着一股恐怖的暗流,但实际上家暴并不是经常发生。我觉得,如果家暴频繁,问题可能早就彻底解决了。讽刺的是,两次家暴之间的美好时光拖延了问题的解决,并促使家暴逐步升级。他打了我妈妈一次,第二次是在3年后,第二次的情况只比第一次严重一点点。然后过了两年又来一次,这次也只比上次严重一点点。然后是一年后,这次又只比上次严重一点点。这几次家暴之间都间隔了比较长时间,让你以为再也不会发生,但它发生的频率又足以让你想起它有可能会发生。

一天下午,我从桑德林汉姆放学回到家,我妈妈很不高兴,怒气冲冲。

"这个男人实在让人搞不懂。"她说道。

"发生了什么事?"

"他买了把枪。"

"什么?一把枪?你说'他买了把枪'是什么意思?"

我妈妈说她已经跟亚伯谈过,他胡扯了一通,说这个世界需要学会尊重他。

"他以为自己是世界警察,"她说道,"这就是这个世界的问题。总有人不能管好自己,所以,他们想管好身边的人。"

不久之后,我搬了出去。家里的氛围对我来说有毒了。

正好也到了我该离开的时候,不管亚伯怎么样,我们的计划一直是等我高中毕业后就搬出去。我妈妈从来不希望我像我舅舅,没工作,还一直跟妈妈住在一起。她帮我找了间公寓,我就搬了出去。我的公寓离我家只有 10 分钟路程,所以我总是时不时回去帮点忙或吃顿晚饭。但最重要的是,以后不管亚伯发生了什么,都不会牵扯上我。

后来,我妈妈搬到家里的一个单独的卧室住,从那以后,他们只是名义上的夫妻,甚至都说不上同居,只是共存。她和亚伯的这种关系持续了一两年。安德鲁已经 9 岁了,而我一直在倒数着他的 18 岁生日,想着到时候我就能把我妈妈从这个有虐待倾向的男人手里解救出来了。一天下午,我妈妈给我打电话,让我过去一趟。几小时后,我回了家。

"特雷弗,"她说道,"我怀孕了。"

"对不起,什么?"

"我怀孕了。"

"什么?!"

天啊,我气炸了。我非常生气。她看起来很坚定,跟以前一样坚定,但也透出一种我以前从未见过的悲伤,就好像这个消息一开始彻底摧毁了她,但后来她又说服自己接受了这个事实。

"你怎么会让这种事情发生?"

"我和亚伯和好了。我搬回了我们的卧室。"

"所以你还要跟这个男人继续生活18年?你疯了吗?"

"上帝跟我说话了,特雷弗。他告诉我:'帕特丽夏,我不会无缘无故做任何事。我给你的东西都是你能处理的。'我怀孕是有缘故的。我知道我能生出什么样的孩子。我知道我能养成什么样的儿子。我能养育这个孩子。我会养育这个孩子。"

9个月后,以撒出生了。她叫他以撒,是因为在《圣经》里,撒拉在快100岁的时候才怀孕生下以撒。她自己本不应该有这个孩子,所以她给孩子取这个名字。那一年,我妈妈44岁。

以撒的出生把我推得更远。我回家的次数越来越少。有一天下午回了家,房子里一片混乱,房前停着警车,又一场家暴的后果。

他用自行车打了她。当时亚伯在院子里责骂他的一个工人,我妈妈想介入调解。亚伯非常生气,觉得她怎么能在员工面前跟他顶嘴,于是他抄起安德鲁的自行车,打了她。她又报了警,这次来的警察真的认识亚伯。他给他们修过车。他们是朋友。没有指控。什么都没发生过。

这一次我跟他对峙起来。当时我已经足够大了。

"你不能总是这么干,"我说道,"这不对。"

"我知道,"他说道,"但你知道你妈妈是什么样的人。她在我的工人面前对我不敬。我不能让其他男人觉得我没法管住自己的老婆。"

自行车事件过后,我妈妈雇来她在房地产生意上认识的承包商,在后院给她盖了一个独立的房子,就像一间小小的用人房,她跟以撒一起住了进去。

"这是我见过的最愚蠢的事情。"我对她说。

"我只能这么做,"她说道,"警察不会帮我。政府不会保护我。只有我的上帝会保护我。但我能用他最珍视的东西来对付他,那就是他的骄傲。我住在外面的棚屋里,大家都会知道他有什么问题。他在外面是圣人。他在这栋房子里是恶魔。我要让大家看到他是什么样的人。"

我妈妈决定生下以撒的时候,我差点就要和她断绝关系。我再也无法忍受这种痛苦。可是看到她被人用自行车痛打,在自家后院像囚犯一样生活,这就像压垮我的最后一根稻草。我再也受不了了。我妈妈理解我的想法。她并没感到被背叛或被抛弃。"亲爱的,我知道你怎么想的,"她说道,"曾经,我也必须抛弃我的家庭,去过属于我的生活。我理解你为什么要这么做。"

于是我就这么做了。我离开这个家。我没有再打电话回去。我没有再回去看看。以撒来了，我走了，我怎么也想不明白她为什么不跟我一样：离开。只要离开。

最终，她还是离开了。促使她离开的原因是什么，最后的转折点是什么，我不知道。我已经走了。我成为一名喜剧演员，在全国各地巡演，在英国表演，主持广播节目、电视节目。我搬去跟我的表哥姆隆吉西一起住，将我的生活和她的分离开来。我不能再在她身上耗费更多精力，那会让我心力交瘁。但有一天，她在高地北买下另一栋房子，结识了新的人，开始了自己的新生活。安德鲁和以撒还是能见到他们的爸爸，那时候，那个男人只不过是苟活在这个世界，仍然继续着酗酒、暴力的循环，仍然住在由前妻承担房贷的房子里。

一晃数年。生活继续。

一天早上 10 点左右，我还躺在床上，电话响了。那天是周日。我之所以知道那天是周日，是因为家里其他人都去了教堂，而我没去，并为此感到高兴。我已经不用过来回奔波于教堂的日子，我懒洋洋地躺在床上。

我看了看手机。屏幕上显示着我妈妈的电话号码，但我接起来的时候,电话那头响起安德鲁的声音。他听起来非常平静。

"嗨,特雷弗,我是安德鲁。"

"嗨。"

"你好吗?"

"很好。有什么事?"

"你忙吗?"

"我还没起床。怎么了?"

"妈妈中枪了。"

好吧,这通电话有两点很奇怪。首先,他为什么要问我忙不忙?我们从这开始说起。当你妈妈遭遇枪击,你第一句话应该是"妈妈中枪了"而不是"你好吗",也不是"你忙吗"。这么说让我很困惑。第二点奇怪之处在于,当他说"妈妈中枪了"的时候,我没有问"谁干的"。没必要问这个问题。

"你们现在在哪?"我问道。

"我们在林克斯菲尔德医院。"

"好,我现在就过去。"

我跳下床,跑到走廊,砰的一声撞到姆隆吉西的门上。"兄弟,我妈妈中枪了!她现在在医院。"他也跳下床,然后我们坐进车里,直奔医院,幸好我们这离医院只有 15 分钟路程。

那一刻,我心烦意乱,但并不害怕。安德鲁在电话里那么平静,我心想,她一定没事。肯定没那么糟。我在车上给他打了个电话,想了解更多情况。

"安德鲁,到底发生了什么?"

"我们正从教堂回家,"他再次平静地说道,"爸爸在家里等我们,他走下车,然后就开枪了。"

"打哪了?他打到她哪里了?"

"他打到她腿了。"

"哦,好的。"我松了口气。

"接着,他朝她脑袋开枪。"

听到他这么说,我全身都瘫软无力。我还清楚地记得当时我们等的红绿灯的颜色。有那么一瞬间,周围都静音了,然后我突然放声大哭,我从没有这样哭过。我哭得上气不接下气。我用这种方式表达我的痛苦。她是我的妈妈。她是我的队友。我和她一直相依为命,我和她一起对抗这个世界。我碎成了两半。

灯变绿了。我甚至看不清路,我一边哭一边开车,一心只想,只要开到那里,只要开到那里,只要开到那里。一到医院,我就跳下车。急诊室入口处有一个户外休息区。安德鲁一个人站在那里等我,他的衣服上血迹斑斑。他看上去非常淡定,默默承受着一切。但在他抬头看到我的那一刻,他开始崩溃,开始放声痛哭。他似乎强撑了一整个早上,然后突然之间松懈下来,失去控制。我跑过去抱着他,他哭个不停。他的哭泣和我的不同。我哭是在表达痛苦和愤怒。他的哭泣是无助的表现。

我转身跑进急诊室。我妈妈躺在轮床上等待分诊。医生们正在想办法稳定她的情况。她全身都浸泡在血水里。她的脸上有个洞,嘴唇上有个裂口,部分鼻子也不见了。

此刻她的模样是我见过的最平静、最安详的。她的一只眼睛还能睁开,她转动眼睛看向我,看到了我惊恐的表情。

"我很好,宝贝。"她轻声说道,她的喉咙被血堵住,几乎说不出话来。

"你不好。"

"不,不,我很好,我很好。安德鲁在哪?你弟弟在哪?"

"他在外面。"

"去找安德鲁。"

"可是,妈妈——"

"嘘。我很好,宝贝。我很好。"

"你不好,你——"

"嘘。我很好,我很好,我很好。去找你弟弟。你弟弟需要你。"

医生们一直忙着救她,我一点都帮不上忙。我出去跟安德鲁待在一起。我们坐下来,他开始向我讲述事情经过。

他们一大帮人从教堂回家,我妈妈,安德鲁和以撒,她的新丈夫和他的孩子们,还有他那边的一大家子人。他们刚把车开进车道,亚伯就把车停下来,下了车。他手里拿着枪。他直直地盯着我妈妈。

"你偷走了我的人生,"他说道,"你拿走了我的一切。现在我要杀了你们所有人。"

安德鲁走到他爸爸面前。他挺身对着枪口。

"别这么做,爸爸,求你了。你喝醉了。把枪收起来。"

亚伯低头看向儿子。

"不,"他说道,"我要杀了所有人,如果你不走开,我就先杀了你。"

安德鲁退到一旁。

"他的眼睛没有撒谎,"他告诉我,"他的眼睛看上去就像魔鬼的眼睛。那一刻,我知道我的爸爸消失了。"

那一天虽然我很痛苦,但回想起来,我不得不说安德鲁比我更痛苦。开枪射伤我妈妈的是我一直鄙视的男人。如果说有什么不同的话,那就是我觉得那天发生的一切证明了我是对的,我对亚伯的判断一直是正确的。我可以生他的气、恨他,一点也不用为此感到羞耻或内疚。可是,开枪射伤安德鲁的妈妈的是安德鲁的爸爸,是他深爱着的爸爸。这种情况下他该如何面对自己的爱?他要如何继续爱这两个人?如何面对自己的两面?

以撒当时只有4岁。他不太明白发生了什么,当安德鲁退到一旁时,以撒开始大哭。"爸爸,你在干什么?爸爸,你在干什么?"

"以撒,去你哥哥那儿。"亚伯说道。

以撒跑到安德鲁那里,安德鲁抱住他。然后,亚伯举起枪开始射击。我妈妈跳到枪口前保护所有人,就在这时候,她中了第一枪,不是打在腿上,而是屁股上。她倒在地上,同时尖叫起来。

"快跑!"

亚伯不停开枪,所有人都开始跑。他们四散逃跑。我妈妈挣扎着站起来的时候,亚伯走了过来,站在她身旁。他用枪口顶着她的头,摆出处决的架势。然后他扣动扳机。没有任何动静。枪卡壳了。咔嗒!他再次扣动扳机,结果还是一样。他一次又一次扣动扳机。咔嗒!咔嗒!咔嗒!咔嗒!他连扣了四次扳机,四次都卡壳。子弹从抛壳口弹出来,然后从枪里掉出来,纷纷掉在我妈妈身上,嗒嗒落在地上。

亚伯停下来查看枪出了什么问题。我妈妈惊恐地跳起来。她把他推到一旁，跑向汽车，跳进驾驶座。

安德鲁紧随其后，跑进副驾驶座。就在她点火的时候，安德鲁听到了最后一声枪响，挡风玻璃变成了红色。亚伯从车后面开了一枪。子弹穿过她的后脑勺，从前面的脸部穿出去，血溅得到处都是。她的身子伏在方向盘上。安德鲁下意识地把我妈妈拉到副驾驶座，从她身上翻过去，跳进驾驶座，猛地挂上挡，向林克斯菲尔德的医院冲去。

我问安德鲁亚伯怎么样了。他不知道。我满腔怒火，却又做不了什么。我感到完全无能为力，但又必须做点什么。于是，我拿出手机，给亚伯打电话——我给刚开枪射伤我妈妈的男人打电话，而他也真的接了。

"特雷弗。"

"你杀了我妈妈。"

"是，我杀了。"

"你杀了我妈妈！"

"是的。如果你找到我，我也会杀了你。"

然后他挂了电话。这段对话令人不寒而栗。这一切令人恐惧。我不知道自己期望什么样的结果。我只是很愤怒。

我不停地问安德鲁问题，想要了解更多细节。就在我们说话的时候，一个护士出来找我。

"你们是她的家人吗？"她问道。

"是的。"

"先生，现在有点问题。你妈妈一开始还能说几句话。现在她不能说了，但据我们了解，她没有医疗保险。"

"什么？不可能。我知道我妈妈有医疗保险。"

她没有。原来几个月前她做出一个决定："医疗保险是个骗局。我从不生病。我要取消它。"所以现在她没有医疗保险。

"我们不能在这里治疗你妈妈，"护士说道，"如果她没有保险，我们就得把她送去州立医院。"

"州立医院？什么——不！你们不能这么做。我妈妈头部中枪。你们要把她放回轮床？用救护车把她送走？她会死掉。你们现在就得治疗。"

"先生，我们不能。我们需要支付担保。"

"我就是你们的支付担保。我会付钱。"

"是的，大家都这么说，可是如果没有切实的保证——"

我掏出我的信用卡。

"拿着，"我说道，"拿着这个。我会付钱。我会负担一切费用。"

"先生，治疗费非常高昂。"

"我不在乎。"

"先生,我觉得你不清楚情况。医疗费真的非常高昂。"

"女士,我有钱。我会负担任何费用。只要你们帮帮我们。"

"先生,你不明白。我们得做许多检查。一项检查就得花费两三千兰特。"

"三千——什么?女士,我们说的是我妈妈的命。我会付钱。"

"先生,你不明白。你妈妈中枪了。头部中枪。她要进重症监护病房。重症监护病房一晚就要花1.5万或2万兰特。"

"女士,你没听我说话吗?这是我妈妈的命。这是她的命。拿走这些钱。拿走所有钱。我不在乎。"

"先生!你没明白。我见过这样的事。你妈妈可能要在重症监护病房待几周。这可能会花掉你五六十万兰特。甚至上百万。你的余生将负债累累。"

我不想撒谎:我顿了一下。我实实在在顿了一下。我听到护士说"你所有的钱都会花光",然后我开始想,好吧……她几岁了,50?这很好,不是吗?她有过美好的生活。

我真的不知道该怎么办。我盯着护士,她的话让我感到震惊。我的脑子里飞快地闪过十几个不同的场景。如果我花了这笔钱,她还是死了怎么办?他们会退我钱吗?我还想象了一下我妈妈会怎么做,她那么节俭,从昏迷中醒来后她会说:"你花了多少钱?你这个白痴。你应该把这笔钱存起来照顾你的弟弟们。"我的弟弟们呢?他们现在将会成为我的责任。我必须养家糊口,而如果我欠下几百万的债,就不可能养活他们,我妈妈以前总是郑重地表示,我永远不用负责养育我的弟弟们。即使在我事业起飞的时候,她也拒绝我提供任何帮助。"我不希望你像我养活我妈妈那样养活我,"她说,"我不希望你像亚伯养活他兄弟姐妹那样养活你的弟弟们。"

我妈妈最怕我也逃不掉负担黑人税的命运,我会陷入始终存在的贫穷和暴力的恶性循环。她一直向我保证,我会是打破这种循环的人。我会是向前走、不后退的人。当我看着急诊室外的护士时,我吓坏了,我害怕我把信用卡递给她的那一刻,那个循环会继续下去,而我会被卷入其中。

人们总是说愿意为所爱之人做任何事。但你真的会这么做吗?你愿意做任何事吗?你愿意付出你的所有吗?我不知道做孩子的是否能理解这种无私的爱。但做妈妈的能。妈妈会抱着她的孩子,从行驶的汽车跳下去,以免他们受到伤害。她会不假思索地这么做。可是,我觉得做孩子的不知道该怎么做,缺乏这种本能。这是做孩子的必须学习的东西。

我把信用卡塞到护士手里。

"请尽力而为。只求你们帮帮我妈妈。"

那天剩下的时间里,我们的心情七上八下,不知所措,在医院里转来转去,还有一些亲戚过来探望。几个小时后,医生终于从急诊室出来,告诉我们最新情况。

"情况怎么样?"我问道。

"你妈妈情况稳定,"他答道,"她已经做完手术。"

"她会好起来吗?"

他想了一下该怎么回答我。

"我不喜欢用这个词,"他说道,"因为我是个搞科学的人,我不相信这些。但今天发生在你妈妈身上的事是个奇迹。我找不到其他解释。"

他接着说,打中我妈妈屁股的那颗子弹完全穿透了。它进去又出来,没造成任何真正的伤害。另一颗子弹穿过她的后脑勺,进入头骨下方的颈部某处。就差那么一点,它就要打中脊椎,它擦着延髓从大脑下方穿过头部,错过了所有主要静脉、动脉和神经。从子弹轨迹来看,它径直飞向了她的左眼眶,本来要打爆她的眼睛,却在最后一秒减速,转向她的颧骨,击碎了她的颧骨,最后从她的左鼻孔弹出来。在急诊室的轮床上,血污让伤口看起来比实际严重。子弹其实只带走了她鼻孔一侧的一小片皮肤,而且子弹完全弹了出来,体内没有留下任何碎片。她甚至不需要手术。他们给她止血,头部前后缝针,然后就让她躺着等痊愈。

"我们做不了什么,因为没什么需要我们做的。"医生说道。

我妈妈四天后就出了院。她七天后就去上班了。

那天剩下的时间和晚上,医生都给她服用了镇静剂。他们让我们回家。"她情况稳定,"他们说道,"回家睡觉吧。"于是我们谨遵医嘱。

第二天一早我就去了医院。我走进病房时,她还在睡觉。她的后脑勺缠着绷带。她的脸上缝了针,鼻子和左眼上盖着纱布。她看上去非常虚弱,疲惫不堪,我很少看到她这副模样。

我紧挨着她的病床坐下,握着她的手,观察她的呼吸,静静等待,脑海中思绪万千。我仍然害怕会失去她。我气自己当时不在场,我气警察每次都不逮捕亚伯。我告诉自己,几年前就应该杀了他,这种想法很荒谬,因为我没有能力杀死任何人,但我还是忍不住这么想。我对这个世界感到愤怒,对上帝感到愤怒。因为我妈妈只会祈祷。如果有个耶稣粉丝俱乐部,我妈妈一定是排名前 100 的粉丝,而她就得到这样的回报?

大约等了一个小时,她睁开了那只没有包扎的眼睛。她一睁开眼,我的情绪就失控了。我开始放声大哭。她开口说要喝水,我端过水杯,她身子向前靠近一点点,用吸管吸了几口。我一直放声痛哭。我没法控制自己。

"嘘,"她说道,"别哭,宝贝。嘘。别哭。"

"我怎么能不哭,妈妈?你差点死了。"

"不,我不会死。我不会死。我很好。我不会死。"

"可是,我以为你死了,"我哭着说道,"我以为我失去你了。"

"不,宝贝。宝贝,别哭。特雷弗。特雷弗,听着。听我说。听我说。"

"什么?"我泪流满面地说道。

"我的孩子,你必须看到好的一面。"

"什么?你在说什么'好的一面'?妈妈,子弹打在你脸上。没有好的一面。"

"当然有。现在你正式成为家里最好看的人了。"

她突然大笑起来。虽然我还泪流满面,但也大笑起来。我都快把眼珠子哭出来了,同时却又歇斯底里地放声大笑。我们坐在病房里，她紧握着我的手，我们像往常一样互相打趣，在这个阳光明媚的日子里，我们母子俩在重症康复病房一起笑对痛苦。

*　*　*

我妈妈中枪的时候,短短一瞬间发生了很多事情。我们将在场的每个人的不同叙述收集起来,才拼凑出完整的故事。那天在医院等待的时候,还有很多问题没有答案,比如以撒当时怎么了?以撒在哪里?我们找到他后,他才告诉了我们。

安德鲁和我妈妈飞速逃离现场的时候,把4岁的以撒独自留在了屋前的草坪上,亚伯走到他的小儿子身边,抱起他,然后把他放进他的车里带走了。车子行驶的时候,以撒转头看向他的爸爸。

"爸爸,你为什么要杀妈妈?"他问道,当时他和我们一样都以为妈妈死了。

"因为我很不高兴,"亚伯答道,"因为我很伤心。"

"嗯,可是你不应该杀妈妈。我们现在去哪儿?"

"我要把你放在你叔叔家里。"

"然后你要去哪儿?"

"我要杀了我自己。"

"别杀你自己,爸爸。"

"不,我要杀了我自己。"

亚伯所说的叔叔并不是真正的叔叔,而是一个朋友。他让以撒下车跟这个朋友待在一起,然后开车离开。那天他去探望了亲戚和朋友,向他们道别。他甚至告诉大家他做了什么,也说了他准备自杀。他一整天都在进行这趟奇怪的告别之旅,直到最后他的一个堂兄弟叫住了他。

"你得像个男人,"他说道,"你这是懦夫的做法。你得去自首。如果你有足够的勇气去杀人,就必须有足够的勇气承担后果。"

亚伯崩溃了,他把枪交给他的堂兄弟,后者开车送他去警察局,亚伯自首了。

他在拘留室里待了几周,等待保释听证会。我们提议反对保释,因为他已经证明他是危险分子。由于安德鲁和以撒还未成年,社工开始介入。我们觉得整个案情一目了然,可是,事情发生大约一个月后的一天,我们接到电话说亚伯被保释了。最讽刺的是,他之所以获得保释,是因为他告诉法官,如果他坐牢,就不能赚钱养孩子。可是他并没有养孩子——我妈妈在养孩子。

于是亚伯被放了出来。案子缓慢地走着司法流程,一切都对我们不利。由于我妈妈奇迹般地康复，对亚伯的指控只是谋杀未遂。同时因为我妈妈以往的报警记录里从没有家庭暴力的指控，亚伯没有犯罪记录。他找了个好律师，后者不断向法庭强调他家里有孩子需要他。案子从未进入正式庭审。亚伯承认谋杀未遂。他被判缓刑3年。他没在监狱里待一天。他还继续享有儿子的共同监护权。时至今日，他还在约翰内斯堡四处走动，完全自由。我最后听说他还住在高地北附近，离我妈妈不远。

故事的最后一部分来自我妈妈，她只能在清醒后讲述她的那部分故事。她记得当时亚伯举枪对着安德鲁。她记得屁股上挨了一枪后跌倒在地。然后亚伯走过来，站到她面前，用枪指着她的头。她抬起头，顺着枪管直视着他。然后她开始祈祷，就在这时候枪卡壳了。接着它再次卡壳。然后又接连两次卡壳。她跳起来，推开他，跑向汽车。安德鲁跳到她身旁，她点火，然后记忆一片空白。

直到今天，没人能解释到底发生了什么。甚至连警察都不明白。因为枪又不是没用。它打出过子弹，然后卡壳了，后来又打出了最后一枪。任何一个对枪械有所了解的人都会告诉你，一支9毫米口径的手枪不可能像那把枪那样卡壳。但在犯罪现场，警察用粉笔在车道上画满了小圈，圈里全是亚伯射出的弹壳，另外还有他站在我妈妈面前时射出的四发子弹,它们完好无损,没人知道为什么。

我妈妈的医院账单总共是5万兰特。我们离开医院的那天我付了账单。她住院的这四天里,亲戚们陆续过来探望,我们一起聊天、玩闹,一起大笑、大哭。我们收拾行李准备出院的时候,我还在说这一周过得多么疯狂。

"你还活着真是幸运。"我告诉她,"我还是不敢相信你居然没有任何医疗保险。"

"哦,但我有保险。"她说道。

"你有?"

"是的。耶稣。"

"耶稣?"

"耶稣。"

"耶稣是你的医疗保险?"

"如果上帝与我同在,谁能对付得了我?"

"好吧,妈妈。"

"特雷弗,我祈祷了。我告诉你我祈祷了。我不会无缘无故祈祷。"

"你知道的,"我说道,"这一次我没法跟你争论。枪、子弹——哪一个我都无法解释。所以,我就相信你这一回。"可我还是忍不住逗她一下。"但是,付医院账单的时候你的上帝在哪儿呢,嗯?我可知道他没付这笔钱。"

她笑着说道:"你说得对。他没有。但他赐予我的儿子付了钱。"

* * *

种族隔离历史

特雷弗·诺亚详细讲述了他的童年历史,让我们看到南非种族隔离时期存在的极端种族主义和偏见问题。种族隔离是一种通过法律阻止黑人反抗白人统治的控制体系。它受到阿道夫·希特勒种族主义理想的启发。在种族隔离制度下,人们因为种族和外貌而受到完全不平等对待,被迫在完全隔离的状态下生活和工作。这一严格的隔离和歧视政策将南非白人的价值置于其他所有种族之上。从 1948 年到 1991 年,种族隔离制度持续存在了 40 多年。

种族隔离制度源于南非国民党,这是南非白人于 1914 年创建的政党。它的成员主要是阿非利卡人,他们是南非最早的荷兰殖民者的后裔,其起源可追溯至 17 世纪。南非国民党获得白人民族主义者的支持,宣扬白人具有种族优越性，这一观念无论在道德上还是事实上都是错误的。该党在1948年的南非大选中以种族隔离的政治纲领上台执政，并在此基础上建立种族隔离制度，巩固其统治。第一任总统是丹尼尔·富朗索瓦·马兰，简称D.F.马兰，他一直执政到1954年。大部分种族隔离法律都是在其任期内开始实行。

在南非，黑人的人数远远超过白人，但国民党很快意识到，如果想保住权力，就必须找到一种方法来压制住多数人。种族隔离就是他们的解决方案，它利用现存的人与人之间的隔离状态来确保少数白人能够控制非白人人口。

在种族隔离制度下，南非政府将人分成4个不同的种族：黑人、白人、有色人种和亚洲人（即印度人和巴基斯坦人）。南非黑人占这个国家人口的大多数，他们又因语言的不同进一步被划分为不同的民族，包括祖鲁人、科萨人、茨瓦纳人、索托人等。南非白人明显是少数人种，其中许多是阿非利卡人，他们说南非语，这是一种由荷兰语衍生出来的语言。有色人种是混合人种，是黑人、白人和其他种族的人的混血后裔。与阿非利卡人一样，大多数有色人种也说南非语，因为他们与白人祖先有亲缘关系。印度人和巴基斯坦人则自成一族。

种族隔离时期，政府不仅强迫不同种族的人分开生活，还不公平地对待不同的种族。南非白人在种族隔离时期的待遇超过其他所有种族。非白人在社会中被视为次要成员，黑人则被视为最下等的人，他们常常遭受骇人听闻的暴力和暴行。

就像特雷弗说明的那样，种族隔离的分类毫无意义。警察不可能完全准确地执行这一政策，因为它很大程度上依赖于根据外表对人进行评判。此外，这一政策并没有反映人们定义自己时的复杂性，各种族群体之间的划分也并非一直界限分明。例如，由于没有足够的中国人或日本人单独组成一个种族群体，南非政府就粗暴地将其划分到现有的种族类别中。虽然这两个民族都来自亚洲，但日本人却与白人一视同仁，中国人则被视为非白人。

在实践中，种族隔离看起来与其他国家的隔离制度类似，比如内战结束后的美国的隔离制度。两者都是对整个种族群体公然实施非人道行为和疯狂的虐待。奴隶制在美国正式被废除，黑人被赋予公民身份和投票权的时候，许多白人因法律认可黑人的平等地位而愤愤不平。因此，尽管黑人在法律上获得了平等地位，在日常生活中却没能享受到这种公平待遇。黑人虽然在理论上有选举权，但人头税、文化测试和祖父条款的实施，使得很少有黑人能真正行使这一权利。尤其在美国南方，黑人受到普遍的歧视和虐待，白人则为维持种族隔离而斗争。从19世纪末到民权运动的高潮时期，美国南方的黑人被迫使用跟白人不同的厕所、学校、公共汽车和其他公共设施。而推动这种种族隔离的地方法律被称为吉姆·克劳法。"吉姆·克劳"是对非裔美国人的一种贬称，源于19世纪的吟游表演，当时表演者以黑脸示人。

种族隔离与美国的吉姆·克劳法的一个主要区别在于，种族隔离是国家联邦政府推行的法律，而吉姆·克劳法只是地方法律。虽然种族歧视在美国各地都存在，但合法的种族隔离集中在美国南方，并没有扩展到全国各州。两者之间的另一个区别是，美国的种族隔离是由"隔离但平等"的错误观念推动形成，南非的种族隔离则宣称所有种族并不平等。尽管美国黑人实际上并没有得到"隔离但平等"的待遇，但平等的概念被用来为种族隔离辩护，因为所有美国公民都有权享受同等待遇。南非的种族隔离之所以不同，是因为它赋予不同种族群体不同程度的权利，使其处于隔离、不平等状态。

由于南非的种族隔离是建立在国家制度化的种族主义基础上，因此政府有权执行种族歧视政策以及惩罚违反这些政策的人。在种族隔离制度开始实施前，南非就存在对非白人的偏见，但种族隔离制度使种族主义行为成为由政

府官员控制的行为。以下是在种族隔离制度下实施的一些最重要的法律,这些法律加强了不同种族之间的隔离:

禁止异族通婚法案(1949):这是种族隔离时期制定的第一项法案,它规定白人和非白人的婚姻是非法的。

不道德法案(1950):这项法案同样规定不同种族之间的人不得有恋爱关系。根据这部法律,特雷弗"天生有罪",因为他是黑人妈妈和白人爸爸的结晶。混血儿或不同种族的父母生下来的孩子都是违法的,这也是为什么他和他的妈妈害怕有人发现他们的秘密的原因。尽管有色人种本身就是黑人和白人混交的后代,但如果父母双方都是有色人种,再生下有色人种小孩就不违法。

人口登记法案(1950):这项法案迫使所有南非人认同三种种族中的一种:黑人、白人或有色人种。亚洲人或印度人和巴基斯坦人后来被加入其中,列为第四种族。该法案包括对所有种族群体的定义,并明确这些群体将受到不平等待遇。

种族区域法案（1950）：这项法案规定，不同种族群体实质上要分开，不同种族的人要住在不同的地区。根据这项法案，南非黑人被迫搬到被称为"镇子"的新划定的社区，这些镇子位于白人城市外围，供黑人劳工居住。书中提到的索韦托就是这类镇子，特雷弗在那里度过了幼年时光。

班图教育法案（1953）：这项法案确定了黑人接受的教育低于白人，他们只能掌握一些与工作相关的低水平技能。黑人学校的学生不学习历史和科学等传统课程，而是学习如何修路或种庄稼。黑人学生只能学各自的母语，其教材要通过审查，使其无法取得任何教育进步。

促进班图自治法案（1959）：这项法案要求黑人从各自的家搬到远离白人居住区的半自治的"家园"。制定这项法案的目的在于有计划地将所有黑人驱逐出南非，令其生活在被认为是这个国家以外的地区。这些黑人家园几乎没有足够的土地来容纳所有南非黑人，而且政府经常不提供自来水或电力等基础设施。特雷弗在书中提到了黑人家园卡恩瓦尼，他的妈妈在他的出生证明上写了这个地方,以免引起他人怀疑。

种族隔离的各项法案相互结合,共同阻止黑人进步,对其居住、教育,甚至是自由通行能力都进行各种限制。根据这些法案,黑人被赶出自己的家,被限制居住在资源稀缺的地区,只有获得有限的许可才能离开家园。白人上教授标准科目的传统学校,而黑人被迫接受次一级的教育,只能做卑贱的工作。严格的宵禁和通行证法规进一步限制了黑人,这些法规要求他们在迁移时要随身携带相关证件。警察常常利用间谍告发不端行为,黑人稍有逾矩就可能遭受牢狱之灾。

由于南非的非白人在种族隔离时期长期遭受虐待,来自南非国内的边缘化群体和世界各地相关组织的反对呼声日益高涨。在南非反对国民党的主要团体是非洲人国民大会(简称非国大)。非国大是一个以黑人为主的政治团体和解放运动,它以争取非洲各族人民的代表权和平等权利为理想而组建。它现在仍然是南非的主要政党。

非国大的一些重要举措包括发表《行动纲领》和发起反抗运动,前者呼吁以非暴力方式抗议种族隔离制度,后者则是与其他抗议团体共同发起,通过有组织的抵抗,推翻种族隔离制度。南非许多组织参与了反抗运动,这项运动鼓励非白人故意违法,使监狱人满为患,破坏这一体制。这一大规模运动的一个结果是,大约有 8000 人入狱,这并不足以颠覆种族隔离制度,但它提高了人们对反抗力量的认识。它动员起一个庞大的群体,使反种族隔离运动引起了国际社会的关注。

20 世纪 50 年代后期,抗议者开始转向更加声势浩大的反政府示威,抗议者和南非政府之间的紧张关系也因此加剧。在从消极抵抗到积极抵抗的转变过程中,发生了一个特别重要的事件,那就是 1960 年的沙佩维尔大屠杀。数千名手无寸铁的抗议者聚集在沙佩维尔镇的警察局前,抗议通行证法规的实施,警察向人群开枪,造成 69 人死亡。这一事件引发的骚动成为反种族隔离运动的转折点,在南非国内引发了激烈的政治运动。

当时最重要的政治领袖之一是纳尔逊·曼德拉,他是一位充满活力的革命家,也是非国大不可或缺的一分子,后来还帮助谈判结束种族隔离制度。1944 年,曼德拉加入非国大,并且很快就展现出为南非非白人争取自由的决心。曼德拉最初支持非暴力运动,但沙佩维尔事件让他意识到,消极抗议并不能带来足够的改变。因此,他在非国大内部成立了新的武装组织"Umkhonto we Sizwe",也即"民族之矛"。曼德拉对政府的抵抗和反对导致其在 1962 年被捕入狱。他在狱中度过了27年。

沙佩维尔大屠杀除了在南非国内引发抗议,也从根本上改变了世界对南非的看法。一开始,其他国家都不参与有关种族隔离的讨论,因为他们认为南非的争执与他们无关,但沙佩维尔这样的事件使得种族隔离制度导致的对基本人权的攻击越来越明显,其他国家不得不采取行动。尤其是第二次世界大战之后,全世界都见识了野蛮的种族主义所制造的恐怖,因此,当其他国家认识到种族隔离制度的严重性时,批评的声势也越来越强。

联合国特别尝试利用其影响力来结束种族隔离。种族隔离政策出台后不久,联合国就对此展开了讨论,尤其针对其对印度人的虐待,在这一种族主义政策实施的几十年里,联合国持续对其进行讨论。沙佩维尔大屠杀发生后,联合国向南非政府施压,要求其废除种族隔离制度。南非政府没有同意,反而取缔了非国大等知名政治反对组织。

联合国曾以侵犯人权为由试图将南非驱逐出联合国,甚至成立了反对种族隔离的特别委员会,但由于得不到所有国家的支持,这些行动均未能成功。随后,联合国试图通过经济制裁(或惩罚)迫使南非结束种族隔离制度,但由于美国和英国等国的抵制,这些措施又没能完全生效。情况错综复杂,因为英美等国虽然批评南非的种族主义行为，但又不想完全与其切断贸易往来，破坏彼此之间的商业关系。

一些国家也开始采取行动抗议种族隔离。外国政府分别向南非政府实施经济制裁，试图以此刺激其废除这一制度。各国联合抵制南非的商品、文化和体育活动，这些举措增强了全世界对种族隔离制度的认识，也扰乱了南非民众的日常生活。某些国际抗议活动十分激烈，1964年的奥运会就将南非排除在外，直到1992年的巴塞罗那奥运会，南非才被允许再次参加奥运会。

与此同时，南非也试图改善与其他国家的关系，但全球舆论并没有因此缓和。南非政府允许有限的黑人从事基础技术工作（这类工作以前也是专属于白人），后来又允许多种族运动队代表国家参赛。尽管如此，其他国家并没有停止对其种族隔离行为的谴责，并避免外交往来，南非在国际更加孤立。

1989年，弗雷德里克·威廉·德克勒克执掌南非国民党，并担任南非总统，鉴于形势不断恶化，他意识到种族隔离制度无法再继续下去，他开启了旨在结束这一制度的谈判。作为德克勒克实现和平努力的一部分，纳尔逊·曼德拉于1990年从监狱获释。曼德拉和德克勒克合作，展开了进一步的和平谈判，并在1991年正式废除种族隔离制度。他们还因为结束种族隔离制度所做的长期努力，于1993年共同获得诺贝尔和平奖。

虽然特雷弗小时候（曼德拉被释放时他只有5岁）种族隔离制度就已正式结束，但他强调暴力和政治动荡一直贯穿他的整个童年。从种族隔离到民主的转变并不容易，因为黑人群体内部的各个派系为争夺国家控制权而相互冲突。日常生活中仍存在许多种族隔离现象：黑人仍然主要生活在家园和镇子里，只是逐渐融入白人郊区生活，学校仍然存在种族分歧。

为了展示进步成果，南非在1994年举行了第一次多种族的民主选举，所有肤色人种都可以参与投票。纳尔逊·曼德拉当选，成为南非第一位黑人总统。曼德拉担任总统期间的大部分时间都用来解决种族隔离的遗留问题，扫除这一制度留下的阴影。他的一项主要措施是成立真相与和解委员会，目的在于追溯种族隔离时期的相关罪行，为人权遭到侵犯的受害者伸张正义。

在曼德拉的领导下，南非非白人的生活质量极大提高。社区实现了融合，非白人在住房、教育和工作方面不再像以前那样受到歧视。不过，尽管消除种族歧视政策取得一定进展，南非仍然存在种族不平等和种族偏见。南非人民的贫困程度往往与种族密切相关，非白人的社会流动性仍然有限。种族隔离的影响持续数十年,想要彻底解决不平等问题绝非易事。为了充分解决种族隔离的遗留问题,南非政府继续为所有种族的团结和平等而努力。联合国和其他国家也在继续关注和支持相关进程。

致 谢

我必须对以下几位表示感谢，他们在过去的岁月里为我的职业生涯输送养分，引导我一路前行，最终创作出这本书：诺姆·阿拉杰姆、德雷克·范·佩尔特、萨那兹·亚明、蕾切尔·鲁施、马特·布莱克、杰夫·恩德里奇和吉尔·弗里佐。

我还想感谢方德利文学与传媒代理公司的彼得·麦奎根及其团队成员科斯滕·诺伊豪斯、莎拉·德诺布雷加和克莱尔·哈里斯，他们在异常紧张和忙碌的情况下，促成了这本书的版权交易，并使其顺利推进。我同时还想感谢坦纳·科尔比帮助我将我的故事在纸上呈现出来。

以下各位看到了这本书的潜力，并促成其发挥潜力，我也想对他们表示感谢：我的编辑克里斯·杰克逊，出版人朱莉·格劳和辛迪·施皮格尔，汤姆·佩里，格雷格·莫利卡，苏珊·特纳，安德烈亚·德韦德，利·马钱特，芭芭拉·菲永，达拉·帕里克，丽贝卡·勃兰特，凯利·凯恩，妮科尔·康茨和吉娜·森特雷罗，以及兰登书屋和施皮格尔&劳格出版公司的所有人。

我还想感谢潘–麦克米伦南非公司的出版团队为让南非读者看到这本书，并确保其出版质量所做出的努力，在此我要感谢肖恩·弗拉泽、桑戴尔·库马洛、安德里亚·纳特拉斯、鲁拉尼·恩科西、恩卡特科·特拉奥雷、卡特勒戈·塔帕拉、韦斯利·汤普森和米娅·范·希尔登。

下面这几位协助阅读初稿，提出各种想法和建议，使得它最终成为你手中的成品，我要向他们致以最深的谢意：卡亚·德兰加、戴维·吉布卡、阿内勒·穆多达、瑞安·哈杜斯、斯兹威·德罗莫和科丽莎·戴沙纳。

最后，感谢你将我带到这个世界，让我成为今天的我，我的妈妈，我亏欠你最多，这笔债我永远无法偿还。

出版后记

本书是诺亚写给青少年读者的第一本书，是一部诚实而又精彩的自传体回忆录。

诺亚出生于南非约翰内斯堡，妈妈是南非黑人，爸爸是欧洲白人。当时南非政府制定了一系列种族隔离政策，目的是将不同种族的人隔离开来。政府颁布的《不道德法案》规定，不同种族之间的人不得有恋爱关系。所以诺亚的出生就是犯罪，从小妈妈就不得不带着他东躲西藏。正如诺亚说的，"大多数孩子是父母之间爱的证明，而我则是他们犯罪的证明。"

在种族隔离政策下，黑人被迫搬到被称为"镇子"的新划定的区域。这些镇子位于白人城市外围，供黑人劳工居住。诺亚外婆居住的索韦托就是这类镇子，诺亚在这里度过了幼年时光。这里其实就是杂乱无章的贫民窟,挤满了临时搭建的简陋棚屋。这里环境恶劣、卫生条件极差,充满了各种犯罪活动。

在充满危险和歧视的环境中长大,故事被诺亚以幽默中带有轻松乐观的态度呈现出来,往往让读者开怀大笑。诺亚的喜剧天赋毫无疑问来自妈妈。无论面对什么样的痛苦,妈妈都始终乐观、幽默、坚强。妈妈告诉诺亚:"贫民窟并不是整个世界。"在妈妈的影响和教育下,诺亚没有被贫民窟所束缚,而是乐观健康地成长,并努力追求自己想要的事业。

本书长期占据亚马逊青少年类型图书榜单,受到比尔·盖茨的推荐。他认为,本书真正的主角是诺亚的妈妈。在开篇诺亚就表达了对妈妈的感激,把这本书献给妈妈。

我们引进本书,希望更多的青少年和家庭能读到诺亚的故事。我们希望读者看到的,不只是一个贫民窟小孩如何在逆境中求生的故事。我们相信,诺亚的故事不仅能让读者收获感动,也能够引发读者更多的思考。珍惜我们当下已拥有的,不管在什么情况下,保持乐观、幽默、豁达的人生态度,不给自己设限,勇敢追逐梦想。如果读者阅读本书能获得类似或更多积极向上的精神力量,帮助读者增添勇气克服困难,我们将倍感欣慰。